JN412275

말씀과 진리 성경대학교재 1

하나님과 예수 그리스도

교회성장연구소

말씀과 진리

성경대학교재 1

하나님과 예수 그리스도

이영훈 지음

GOD
AND
JESUS

교회성장연구소

추천의 글

제한된 3차원 세계를 살아가는 우리 인생의 최대 관심사는 영원한 생명에 있습니다. 영생을 추구하며 살아가는 우리에게는 걸어가야 하는 길이 있습니다. 예수님은 성경 말씀을 통해 자신을 길과 진리요 생명이라고 소개하십니다. "예수께서 이르시되 내가 곧 길이요 진리요 생명이니 나로 말미암지 않고는 아버지께로 올 자가 없느니라"(요 14:6). 우리가 걸어가야 하는 길인 진리의 길, 생명의 길을 따라 예수님과 동행하는 삶을 살 때 비로소 우리는 승리하는 인생, 형통하는 인생, 주님을 본받는 인생길로 나아갈 수가 있습니다.

길과 진리 되신 예수님께서 우리에게 말씀으로 직접 찾아오셨습니다. "말씀이 육신이 되어 우리 가운데 거하시매 우리가 그의 영광을 보니 아버지의 독생자의 영광이요 은혜와 진리가 충만하더라"(요 1:14)고 성경은 말씀하고 있습니다. 이처럼 말씀은 우리를 구원과 영생으로 인도하는 영적인 나침반입니다. 진리에 대한 영적 통찰력을 제공하고 삶의 문제에 대한 해답을 제시하는 영적 안내서이기도 합니다.

진리의 말씀 앞에 선 우리의 선택과 결정은 단호하고 확실해야 합니다. 길 되신 예수 그리스도, 생명 되신 예수 그리스도 그분을 닮아 가는 삶을 사는 것입니다. 이러한 삶을 살아갈 수 있도록 새롭게 수정·보완된 성경대학교재인 『말씀과 진리』를 출간하게 된 것을 기쁘게 생각하며 하나님께 진심으로 감사드립니다.

개편된 교재 『말씀과 진리』는 성도님들을 예수 그리스도를 믿는 것과 아는 일에 하나가 되어 온전히 그리스도의 장성한 분량이 충만한 데까지 이르도록 인도할 것입니다. 본 교재를 통해 진리의 말씀을 공부하는 성도님들이 성령께서 허락하시는 거룩한 생각으로 새로운 꿈을 꾸며 담대하게 승리하는 삶을 살아가게 되기를 간절히 소망합니다.

2014년 2월

조용기 | 여의도순복음교회 원로목사

들어가는 말

여의도순복음교회는 지난 50여 년의 세월 속에 하나님의 놀라운 은혜로 말미암아 기독교 역사에서 유례를 찾아볼 수 없는 대 부흥을 이루어 왔습니다. 다섯 명의 천막 교회로 시작한 하나의 작은 교회가 세계 최대의 단일 교회로 성장한 지금도 부흥과 성장은 멈추지 아니하고 속도를 더하여 가고 있습니다. 이러한 부흥의 물결은 이제 본 교회에만 국한되지 아니하고 한국교회와 나아가서는 온 세계 교회로 흘러가고 있습니다. 이처럼 놀라운 교회 부흥의 주역이 될 수 있었던 것은 십자가 신앙을 기초로 한 철저한 말씀 중심의 교육과 뜨거운 성령운동이 있었기 때문입니다.

성령충만은 곧 예수 충만이고 예수 충만은 하나님의 말씀으로 더욱 온전하여 질 수가 있습니다. 말씀으로 우리 가운데 오셨던 예수님은 이제 부활 승천하셔서 하나님 보좌 우편에서 성령을 보내고 계십니다. 성령은 그리스도의 영이시므로 하나님의 말씀을 참되게 배우고 말씀대로 사는 것이 성령충만한 신앙생활을 유지하는 데 무엇보다 중요합니다. 따라서 하나님의 아들을 믿는

것과 아는 일에 하나가 되어 온전한 사람을 이루어서 그리스도의 장성한 분량이 충만한 데까지 이르도록 열심을 다하여야 합니다(엡 4:13).

오늘날의 기독교는 급변하는 사회와 통신의 발달로 인하여 무분별한 지식들이 여과 없이 성도들에게 전달되고 여러 이단의 활동으로 몸살을 앓고 있습니다. 이러한 중요한 시기에 새롭게 개편된 성경대학교재인『말씀과 진리』가 출간되어 시대적 요구에 부응하고 성도들의 영적 갈망을 채울 수 있게 된 것을 기쁘게 생각합니다.

새롭게 출간된 교재는 성도 여러분에게 훌륭한 영적 길잡이가 되어 올바른 교리와 견고한 신앙 위에 설 수 있도록 인도할 것입니다. 이는 그동안 축적되어 온 사역 현장에서의 경험과 충실한 연구 성과가 일구어낸 결과로 보입니다. 본 교회는 그동안 불퇴진의 복음전파와 식을 줄 모르는 기도운동과 더불어서 오래전부터 체계적인 성경 말씀을 가르침으로 성도들을 양육해 왔습니

다. 이런 효과적인 교육이 있었기에 성령운동의 역사가 흔들리지 않고 든든히 설 수가 있었습니다.

개편된 『말씀과 진리』를 통하여 수많은 성도가 그리스도를 닮은 작은 예수가 되어 주님 오시는 그 날까지 부흥을 지속하기를 소망합니다. 본 교재를 출간하기까지 도움을 주신 모든 분께 진심으로 감사를 드리며 인도하신 하나님께 모든 영광을 올려드립니다.

2014년 2월

이영훈 | 여의도순복음교회 담임목사

GOD
AND
JESUS

GOD AND JESUS

목차

3과 하나님의 본성과 속성

4과 삼위일체 하나님

5과 하나님의 주권 : 작정, 예정, 창조, 섭리

GOD AND JESUS

목차

9과 예수 그리스도의 수난과 죽음

10과 예수 그리스도의 부활, 승천, 승귀

1과

하나님의 존재와 이름

1. 하나님의 존재
   1) 하나님이 존재하는 증거
   2) 하나님의 존재에 대한 오해
   3) 하나님의 임재 처소
   4) 현재의 하나님

2. 하나님의 이름
   1) 구약에서 보이는 하나님의 이름
   2) 신약에서 보이는 하나님의 이름

GOD AND JESUS

1과 하나님의 존재와 이름

1. 하나님의 존재

1) 하나님이 존재하는 증거

하나님은 인간의 관념 속에 계시는 분이 아니다. 어제나 오늘이나 영원토록 동일하시며 살아 계시고 실재하시는 분이다. 따라서 하나님의 존재에 대한 증거는 다양하게 나타난다.

(1) 자연을 통한 증거

- 태초에 혼돈된 무질서의 상태가 질서와 조화의 상태로 되었다는 것은 자연의 창조에 하나님께서 개입하셨다는 것을 보여 준다.
  - ▶ 자연의 모든 일이 서로 질서와 조화를 이루며 운행하는 것을 통해 하나님이 존재하심을 알 수 있다.

- 우리는 자연 대부분이 이미 계획에 의하여 창조된 것을 발견하고 경험하게 된다.

＊태초(太初)
일련의 역사적 사건들의 개시(레쉬트)를 의미한다(창 1:1). 그러나 태초부터 계신 말씀으로서의 예수 그리스도는 우주와 만물의 시작을 의미하는 개시(레쉬트)와 다르다. 예수님은 시작도 끝도 없으신 영원한 분이시기 때문이다.

(2) 세계 역사를 통한 증거

- 세계 역사의 흐름을 살펴볼 때 하나님의 뜻과 섭리가 구체적인 사건들을 통해 나타나고 있음을 발견하게 된다.
  - ▶ 하나님께서 성경을 통해 예언하신 세계 여러 나라의 흥망성쇠의 역사가 말씀대로 성취되고 있는 것을 볼 수 있다.
  - ▶ 역사 안에서 악한 사탄의 세력이 잠시 승리하는 것같이 보이지만 종국에는 하나님의 선한 뜻대로 이루어지는 것을 볼 수 있다.

(3) 인간 이성을 통한 증거

인간은 이성을 통해 사물의 인과관계를 밝힘으로써 하나님을 알 수 있다. 모든 사물은 어떤 원인의 결과로, 결과가 있으면 그 원인도 존재한다. 하나님은 이 모든 것의 궁극적인 원인자가 되신다.

- 우주론적 증거(Cosmological Argument)
  - ▶ 우리가 사는 우주는 하나의 결과물이고 그것을 존재하도록 한 원인자가 있다.
  - ▶ 성경은 그 결과물(창조물)을 만드신 원인자를 하나님이라고 한다(창 1:1).

- 목적론적 증거(Teleological Argument)
  - ▶ 모든 삼라만상(森羅萬象)의 창조물 가운데 하

＊이성(理性)
인간을 동물과 구별시키는 특유의 능력으로, 사물의 이치와 원리를 알아내는 힘을 의미한다.

＊원인자(原因者)
어떤 사물이나 상태보다 먼저 존재하여 그것을 발생시키거나 변화시키는 제공자를 의미한다.

＊삼라만상(森羅萬象)
우주 사이에 있는 온갖 사물과 모든 현상으로 하나님께서 창조하신 모든 피조물의 세계를 일컫는다.

나님의 존재가 드러난다. 인간은 집이나 시계 같은 물건을 만들 때 그것을 사용할 목적에 따라 계획하고 설계하여 만든다.

▶ 우주나 동 · 식물과 사람 등 피조물을 보면 그것들이 창조된 목적을 발견할 수 있다.

• 도덕적 증거(Moral Argument)

▶ 인간이 양심 곧 도덕적 분별력을 지녔다는 사실은 도덕적인 하나님의 존재성을 증거한다.

▶ 상선벌악(賞善罰惡)의 도덕 질서가 세상 모든 문화권에서 적용되고 있음은 하나님의 도덕적인 뜻이 개입되고 있음을 보여 준다.

＊상선벌악(賞善罰惡)
잘한 일이나 착한 일은 상을 주고, 악하고 해를 주는 일에 대해서는 벌을 내리는 것을 말한다.

(4) 성경의 증거

• 인간은 성경에 나타난 하나님의 특별한 계시를 통해 하나님의 존재를 분명하게 알 수 있다.

• 성경은 하나님의 존재를 논리적으로 증거하지 않는다. 성경은 하나님의 존재를 기정사실로 받아들인다.

＊기정(旣定)
어떤 일이 이미 결정되어 있는 상태를 말한다.

• 성경은 첫 구절부터 "태초에 하나님이 천지를 창조하시니라"(창 1:1)고 하나님의 존재를 분명히 하고 있다.

2) 하나님의 존재에 대한 오해

처음 사람인 아담은 하나님이 존재하신다는 것을 알고 있었다. 그러나 그는 죄를 지음으로 인하여 하나님과의 관계가 단절되어 하나님을 아는 지식을 상실하게 되었다.

아담의 타락으로 말미암아 인간은 하나님의 존재에 대해 무지하거나 오해하게 되었는데, 이러한 오해에는 범신론, 다신론, 이신론, 불가지론, 사신론, 무신론 등이 있다.

(1) 범신론(汎神論)

• 범신론은 우주 삼라만상이 하나님이라고 보는 견해이다.

• 하나님과 자연을 구분하지 않고 동일시한다.

(2) 다신론(多神論)

• 자연에 있는 여러 가지 사물이나 현상을 신격화하여 수많은 신으로 섬긴다.

• 타락한 인간의 마음속에 원하는 것은 모두 신이 되기도 한다.

(3) 이신론(理神論)

• 이신론은 '자연신론' 이라고도 하며 창조주로

서의 하나님의 존재를 인정한다. 하지만 창조 이후에는 독자적인 법칙으로 우주가 운행되고 있다는 견해이다.

- 하나님은 세상을 질서있게 창조하신 후에 세상으로부터 떠나 계셔서 개입하지 않으신다고 한다.

(4) 불가지론(不可知論)

- 불가지론자들은 하나님의 존재에 대하여 부정하지 않는다.

- 다만 인간은 자신의 능력으로는 하나님의 존재를 알지도 못하고 알 수도 없다고 주장한다.

(5) 사신론(死神論)

- 신이 존재했지만 지금은 죽었다고 본다.

- 이런 주장은 지식으로만 하나님을 알고 살아계신 하나님을 체험(중생)하지 못한 결과에서 비롯된다(요 3:3).

(6) 무신론(無神論)

- 무신론은 하나님의 존재하심에 대한 수많은 증거에도 불구하고 하나님이 존재하지 않는다고 보는 견해이다(시 14:1).

＊요한복음 3:3
"예수께서 대답하여 이르시되 진실로 진실로 네게 이르노니 사람이 거듭나지 아니하면 하나님의 나라를 볼 수 없느니라"

＊시편 14:1
"어리석은 자는 그의 마음에 이르기를 하나님이 없다 하는도다 그들은 부패하고 그 행실이 가증하니 선을 행하는 자가 없도다"

• 무신론은 인간의 종교적, 윤리적 죄악들의 뿌리이다(시 14:2~3).

3) 하나님의 임재 처소

하나님은 세상을 초월해 계실 뿐만 아니라 동시에 피조된 세상에 내재하신다. 하나님은 하늘 보좌에 계시면서 한편으로는 성령님을 통하여 성도의 마음속에 임재하신다.

(1) 하늘 보좌: 초월해 계시는 하나님

• 하나님께서는 하늘 보좌에 계신다(막 16:19; 행 7:56; 히 12:2; 골 3:1).

• 하나님께서는 우리를 영원한 나라로 데려다가 영광 가운데 살게 하실 것이다.
  ▶ 예수님께서는 하나님의 나라에 먼저 가셔서 우리의 있을 곳을 예비하신다고 말씀하셨다(요 14:2~3).

(2) 성도의 마음: 내재하시는 하나님

하나님께서 거하시는 하나님의 나라가 우리의 마음속에 이미 임재하고 있다(눅 17:21).

• 하나님을 우리 마음에 모시는 방법
  ▶ 우리가 예수님의 보혈로 죄 씻음을 받고 의

＊초월하시고 내재하시는 하나님

하나님은 초월(超越)하여 계시며 동시에 내재(內在)하신다. 하나님은 하늘 보좌에 앉아계실 뿐 아니라 동시에 성령님을 통하여 성도들의 마음속에, 또한 성도들의 모임 가운데 임재하신다(마 18:20; 요 14:16~20,23; 고전 3:16; 고후 1:22; 시 139:7~10).

＊요한복음 14:2~3

"내 아버지 집에 거할 곳이 많도다 그렇지 않으면 너희에게 일렀으리라 내가 너희를 위하여 거처를 예비하러 가노니 가서 너희를 위하여 거처를 예비하면 내가 다시 와서 너희를 내게로 영접하여 나 있는 곳에 너희도 있게 하리라"

＊누가복음 17:21

"또 여기 있다 저기 있다고도 못하리니 하나님의 나라는 너희 안에 있느니라"

롭다함을 얻으면, 성령님에 의하여 하나님 아버지와 그의 아들 예수께서 우리 속에 들어와 거하신다(요 14:16~29).

▶ 우리가 하나님의 사랑 안에 거하면, 하나님께서도 우리의 마음 안에 함께 거하신다(요일 4:16).

- 하나님을 우리 마음에 모신 결과

▶ 하나님께서 우리 마음을 성전 삼으시고 우리를 인도하신다(고전 3:16). 즉, 성령을 통하여 우리의 모든 생각을 살피시며(요 14:26), 우리의 모든 길을 지키시고 인도하신다(시편 23:1~6).

▶ 물과 불같은 시험을 통과할 때에도 성공적인 생활을 하게 하신다(시 91:4~7; 사 43:2).

▶ 성령을 통하여 우리를 인치시고 보증해 주신다(고후 1:22). 하나님께 속하였다는 확신을 통하여 승리의 삶을 살게 하신다(요일 4:4).

4) 현재의 하나님

하나님은 과거와 미래의 하나님이시요, 영원한 하나님이실 뿐만 아니라, 날마다의 삶을 주관하시는 현재의 하나님이시다(창 21:33; 시 90:2, 102:27; 사 57:15). 하나님은 멀리 계신 분이 아니라, 아주 가까이 '바로 지금 여기' 에 계신 분이다.

＊인(印)

구약시대의 팔레스타인에서 보통 돌에 조각하여 만든 도장을 말한다. 인장은 휴대하기 편하게 하기 위하여 반지로 만들어 손에 끼었다(렘 22:24).

신약시대에서는 '성령의 인침' 에 사용되었는데 이것은 하나님의 소유권이라는 상징적 의미를 지니고 있다(엡 1:13~14).

＊보증(保證)

'책임을 지고 틀림없음' 을 증명하는 것으로 성령의 인침을 통하여 하나님의 자녀가 되었음을 증명하는 것이다.

(1) 구약에 증거된 현재의 하나님

• 하나님은 구약시대의 모든 성도에게도 언제나 현재적인 하나님으로 나타나셨다.

▶ 믿음의 조상 아브라함, 이삭, 야곱에게 나타나신 하나님은 모세에게도 나타나신 영원한 하나님이시요, 또한 항상 현재의 하나님이심을 드러내셨다(출 3:2~4,15).

▶ 위대한 왕 다윗은 "주의 나라는 영원한 나라이니 주의 통치는 대대에 이르리이다"(시 145:13)라고 고백하고 있다.

▶ 이사야 선지자는 "지극히 높고 거룩하신 하나님께서는 영원히 보좌에 앉으셔서 통치하신다"고 선포하였다(사 57:15).

(2) 신약에 증거된 현재의 하나님

• 예수 그리스도를 통하여 언제나 현재 역사하시는 하나님의 모습을 본다(요 10:30,37~38).

▶ 예수님과 마르다의 대화를 통하여 신약에 나타나신 현재적인 하나님을 본다(요 11:17~27).

▶ "볼지어다 내가 세상 끝날까지 너희와 항상 함께 있으리라 하시니라"(마 28:20)는 주님의 약속의 말씀 속에 하나님의 현재성이 나타난다.

• 사도 바울은 "오직 그에게만 죽지 아니함이 있고…"(딤전 6:16)라는 증거를 통하여 하나님은 어

＊다윗

'사랑받는 자'라는 뜻. 이스라엘의 두 번째 왕으로 이스라엘 역사상 가장 위대한 왕이었다.

베들레헴 사람 이새의 여덟 번째 아들로 양치는 목동 출신이었으며 수금을 잘 탔을 뿐 아니라 용감한 군인이었다. 시편의 절반 가량을 기록할 만큼 재능이 탁월한 시인이기도 하다.

＊요한복음 11:25~26

"예수께서 이르시되 나는 부활이요 생명이니 나를 믿는 자는 죽어도 살겠고 무릇 살아서 나를 믿는 자는 영원히 죽지 아니하리니 이것을 네가 믿느냐"

제나 오늘이나 영원토록 동일하신(히 13:8) 현재의 하나님이심을 선포한다.

2. 하나님의 이름

하나님의 이름은 하나님의 자기계시이며, 인간과의 관계 속에서 자신을 드러내시는 하나님의 본성적 명칭이다. 하나님의 이름은 인간이 창안한 것이 아니라 신적인 기원에 근거하고 있다. 하나님의 이름에는 하나님의 속성과 사역이 다 들어 있다. 따라서 하나님의 이름을 바르게 이해하면, 하나님을 바르게 인식할 수 있다.

1) 구약에서 보이는 하나님의 이름

(1) 엘(El)

'엘'은 하나님에 대한 고대적인 이름으로서, 구약에서 하나님을 나타내는 가장 일반적인 이름으로 사용되었다. 이것은 '강하다', '제일이다', '위대하다'라는 뜻으로 하나님이 강한 능력과 위엄과 권세를 가지신 통치자이심을 나타낸다. '엘'은 하나의 독립된 단어로 사용되기보다는 다른 단어와 연결되어 복합어로 사용되었다.

＊창안(創案)
어떤 방안, 물건 따위를 처음으로 생각해 냄.

＊구약의 하나님의 이름 (복합어)

엘의 복합어	엘로힘
	엘 엘리온
	엘 샤다이
	엘 올람
야훼의 복합어	야훼 이레
	야훼 라파
	야훼 닛시
	야훼 샬롬
	야훼 라아
	야훼 치드케누
	야훼 삼마
	야훼 사바옷

＊권세(權勢)
일반적으로 자신이 뜻하는 바를 실행에 옮길 수 있는 능력, 권리 등을 의미한다.
그리스도의 가르침에는 사람들을 복종케 하는 권세가 있었다(마 7:29). 그리고 성도들에게는 그리스도의 이름으로 귀신을 쫓아내며, 병을 고치는 권세가 주어졌다(막 16:17~18).

• 엘로힘(Elohim, 복수형)

▶ 성경에 제일 처음 등장하는 하나님의 이름(창 1:1)이다.

▶ 인류에게 최초로 계시된 하나님의 이름으로서, '전능하신 창조주 하나님', '세계의 창조자와 통치자'를 의미한다.

▶ 구약에서 하나님을 복수형의 엘로힘으로 칭한 것은 '삼위일체' 되시는 하나님을 가리킨다.

• 엘 엘리온(El-Elyon)

▶ '지극히 높으신 하나님'이란 뜻이며 하나님의 위대하심을 강조하는 표현이다.

▶ 다른 어떤 신과도 비교될 수 없는 존재로서 유일한 예배의 대상이 되시는 높으신 하나님을 나타낸다(창 14:18~20; 민 24:16; 사 14:14; 시 9:2).

• 엘 샤다이(El-Shaddai)

▶ 백성의 어려움과 궁핍을 해결해 주시는 '전능의 하나님'(출 6:3)을 말한다.

▶ 하나님의 백성에게 가장 절실한 시기에 나타나셔서 축복해 주시고 도와주시는 하나님을 말한다(창 17:1; 시 91:1).

＊엘로힘

'엘로힘'은 구약에서 가장 많이 사용되었으며, 단수형은 '엘로아'로 신명기 32장 15, 17절 그리고 욥기에 나타난다.

＊엘 샤다이

'엘 샤다이'는 구약에서 48회 사용되었다.

＊하나님 이름의 사용

• 하나님은 자신의 이름을 매우 중요하게 생각하셨다(출 20:7; 레 24:16).

• 우리가 하나님을 예배하는 것은 그의 이름을 부르는 것이요(창 12:8), 그의 이름을 경외하고(신 28:58), 찬양하며(삼하 22:50), 그의 이름에 영광 돌리는 것(시 29:2, 68:4)이다. 하나님은 그의 이름 때문에 언약을 지키시고, 그의 백성을 버리지 않으신다(삼상 12:22).

• 엘 올람(El-Olam)

▶ '영원하신 하나님'(창 21:33)을 말한다.

▶ 항상 계시는 영원하신 하나님의 변하지 않는 성품을 강조하는 이름이다(사 40:28~31).

• 엘로아(Eloah)

▶ '엘로아'는 단수형으로 '엘'과 같은 의미로 사용되는 이름이다.

▶ 구약의 욥기에 많이 나타나고 있다(41회).

(2) 야훼(Yahweh)

'야훼'란 이름은 '스스로 존재하다'(출 3:14)라는 동사에서 유래되었다. 하나님께서는 이름을 묻는 모세에게 '야훼'라는 자신의 이름을 알려 주셨다(출 3:15, 6:2). 이는 오직 하나님께만 사용된 하나님의 고유 명사로서 '언약의 하나님'을 의미한다. '야훼'란 이름은 우리와 인격적인 관계를 맺고 있는 하나님의 이름으로서 다음과 같이 복합적으로도 사용되었다.

• 야훼 이레(예비하시는 하나님)

▶ 아브라함이 말씀에 순종하여 모리아 땅의 한 산에서 독자 이삭을 드렸을 때, 하나님께서는 이삭 대신 수양을 준비하셨다. 이에 아브라함은 그 땅의 이름을 '야훼 이레'라고 불렀다(창 22:13~14).

• 하나님은 자신의 이름에 의해 본질적인 속성을 드러내신다. 따라서 우리는 그 이름의 의미를 분명히 알아서 그 이름을 높여 드리고(시 135:1), 그 이름에 항상 감사하고 찬양드리며(시 54:6), 그 이름을 사랑해야 한다(시 69:36).

• 하나님의 이름은 아름다운 찬송을 받기에 합당하며(시 8:1), 인생에게 견고한 망대가 되신다(잠 18:10). 그의 이름은 땅끝까지 전파되어야 한다(시 48:10).

▶ 주의 성도들이 믿음으로 나아가면 하나님은 모든 필요한 것을 예비하신다.

• 야훼 라파(치료하시는 하나님)

▶ 육신의 질병과 연약함을 치료하시는 하나님을 지칭하는 이름이다. 출애굽한 이스라엘 백성이 '하나님의 말씀에 순종할 때' 모든 질병이 떠나게 되리라고 약속하셨다(출 15:26).

▶ 하나님의 언약의 말씀을 믿고 순종할 때 우리의 질병도 치료받게 된다.

• 야훼 닛시(승리의 깃발이 되시는 하나님)

▶ 하나님이 '나의 승리의 깃발이 되신다'는 의미의 이름이다.

▶ 모세가 아말렉과의 전투에서 승리한 후에 하나님의 도우심과 승리를 주심에 감사하여 제단을 쌓고 하나님을 '야훼 닛시'라고 불렀다(출 17:15).

▶ 하나님의 백성이 원수들에게 눌릴 때 '야훼 닛시' 되시는 하나님께 외치면 원수를 이길 수 있다.

• 야훼 샬롬(평강의 하나님)

▶ 기드온이 미디안과의 전쟁을 앞두고 두려움 가운데 오브라에서 야훼 하나님께 단을

＊아말렉

에서의 아들 엘리바스가 그의 첩 딤나에게서 낳은 아들이다(창 36:12; 대상 1:36).

아말렉 족속은 주로 팔레스타인 남부 지역에 거주하였는데 유목 생활을 하며 호전적이고 약탈을 일삼았다. 이스라엘과는 적대 관계에 있었으므로 이스라엘이 가나안으로 가고자 할 때 그 길을 막았다가 여호수아가 이끄는 이스라엘 군대에게 크게 패하였다(출 17장).

쌓고 부른 이름이다(삿 6:24).

▶ 우리가 불안과 두려움 가운데 있을 때 하나님을 부르면 하나님은 우리에게 평강을 허락하신다.

• 야훼 라아(목자이신 하나님)

▶ 목자가 양을 인도하시는 것과 같이 하나님께서는 그의 백성을 푸른 초장과 쉴만한 물가로 인도하신다(시 23:1~2; 창 48:15).

▶ 우리는 험한 광야 같은 인생길을 살아도 목자 되신 하나님을 의지하면 하나님은 우리를 평탄한 길로 인도하신다.

• 야훼 치드케누(의가 되신 하나님)

▶ 예레미야는 바벨론의 침략을 앞두고 미래에 의의 왕으로 오실 메시아(그리스도)가 하나님의 백성을 구원하실 것이라 예언했다(렘 23:6, 33:16).

▶ 공의가 사라지고 불의가 넘치는 이 세상을 극복하기 위하여 우리는 의(義)가 되시는 하나님께 소망을 두어야 한다.

• 야훼 삼마(거기 계시는 하나님)

▶ '야훼 삼마'는 '어디든지 계시는 하나님'을 의미한다. 우리의 과거에 함께하셨던 하나님은 우리의 현재와 미래에도 여전히 함께

＊메시아

히브리어로 '기름부음을 받은 자', 헬라어로 '그리스도'와 동일한 말이다.

구약에서 기름부음에 의하여 직책이 성별되었던 선지자, 제사장, 왕들에게 적용되었던 칭호이다.

신약에서 예수님께서 메시아, 즉 그리스도라고 불리워지고 있다(요 1:41; 4:25).

하신다.

▶ 바벨론 포로 중에 에스겔은 환상 중에서 새 예루살렘을 바라보고 그 성읍의 이름을 '야훼 삼마' 라고 불렀다(겔 48:35).

• 야훼 사바욧(만군의 하나님)

▶ 사바욧은 '천국의 군대' 라는 뜻으로 야훼 사바욧은 '만군의 하나님' 이란 의미를 지닌다(삼상 1:3, 17:45; 시 46:7; 말 1:10~14; 롬 9:29).

▶ 엘리사는 원수들의 공격을 받으면서, 만군의 야훼께서 그의 백성을 보호하고 계신 것을 목격하였다(왕하 6:13~17).

▶ 우리는 날마다 삶 속에서 악한 사탄과의 영적 전쟁을 벌이고 있지만 만군의 하나님께서 함께 계심으로 능히 승리할 수 있다.

(3) 아도나이(Adonai)

• '아도나이' 는 '주인' 이라는 뜻으로, 하나님께서 세상 만물의 주인이시며 소유자가 되신다는 의미로 부르는 이름이다.

• 아브라함이 멜기세덱에게 예물을 드리자 하나님께서 나타나셔서 친히 방패와 상급을 주신다고 하셨다.

▶ 아브라함은 이때 하나님을 향하여 '내 주(아도나이) 야훼' 라고 부르고 있다(창 15:1~2).

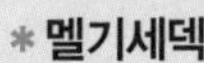

＊멜기세덱

'의의 왕' 이라는 뜻으로 예루살렘(살렘)의 왕이며 제사장이었다. 전쟁에서 이기고 돌아온 아브라함을 환대하고 주의 이름으로 복을 빌어 주었으며 아브라함은 그에게 십일조를 바쳤다(창 14:19~20).

2) 신약에서 보이는 하나님의 이름

신약에서의 하나님의 이름은 히브리어로 된 구약의 하나님의 이름을 헬라어로 번역한 것이다.

(1) 데오스(Theos)

- 데오스는 구약의 '엘로힘'(전능하신 하나님)에 해당하는 말로, 신약에서 일반적으로 쓰이는 하나님의 이름이다(막 5:7; 요 1:1).

- 이 이름은 보통 '나의 하나님', '그의 하나님' 등과 같이 소유격으로 쓰였는 바, 하나님에 대한 그의 백성의 개인적인 소유의 의미가 강조되고 있다.

＊마가복음 5:7
"큰 소리로 부르짖어 이르되 지극히 높으신 하나님의 아들 예수여 나와 당신이 무슨 상관이 있나이까 원하건대 하나님 앞에 맹세하고 나를 괴롭히지 마옵소서 하니"

(2) 퀴리오스(Kurios)

- 구약에서 하나님의 이름으로 사용된 아도나이가 신약에서는 '퀴리오스'이며, 특히 이 이름은 예수님을 가리킬 때 많이 사용되었다(계 19:16).

- '나의 주' 혹은 '선생'의 뜻이며, 예수님을 법적인 권세와 권위를 가지신 전능자로서 주님, 소유자, 통치자로 묘사하였다(마 8:6; 요 20:28; 행 2:36).

(3) 아바(Abba, 아버지)

- 하나님과 성도의 관계를 부자(父子)의 관계로 친밀하고 밀접하게 표현하는 것은 기독교의 특징 중 하나이다.

- 신약에서 하나님에 대한 호칭으로 사용된 아버지는 은혜와 사랑이 무한하신 '모든 자의 아버지'의 의미를 지닌다.

- 예수님께서 기도하실 때 하나님을 주로 아버지라고 부르셨으며, 제자들에게 가르치신 기도(주기도문)에서도 하나님을 아버지라 명명하고 있다(마 6:9).
  - ▶ 우리가 구원을 받고 하나님의 영적인 자녀가 되었기 때문에 부를 수 있는 이름이다(마 6:9; 요 1:12~13; 롬 8:15; 갈 4:6).
  - ▶ 우리가 예수님의 구속으로 인하여 하나님을 아버지로 부를 수 있다는 것은 놀라운 축복이며 특권이다.

*** 아바(Abba)**
아람어로는 '압바', 히브리어로는 '아브'의 헬라어 음역이다. 그 뜻은 모두 '아버지' 또는 '아빠'라는 뜻이다.

*** 주기도문**
우리의 주님 되신 예수 그리스도께서 제자들의 요청에 따라 가르쳐 주신 기도(마 6:9~13; 눅 11:2~4)이다.
간결하고 완전한 하나의 모범 기도로 그리스도의 제자들이 마땅히 기도해야 할 내용이 담겨져 있다.

*** 마태복음 6:9**
"그러므로 너희는 이렇게 기도하라 하늘에 계신 우리 아버지여 이름이 거룩히 여김을 받으시오며"

2과

하나님의 계시
: 일반계시와 특별계시

1. 계시에 대한 이해

1) 계시의 의미

2) 계시의 목적

3) 계시의 필요성

4) 계시의 종류

2. 하나님의 일반계시

1) 일반계시의 의미

2) 일반계시의 증거

3) 일반계시의 불충분성

3. 하나님의 특별계시

1) 특별계시의 의미

2) 특별계시의 특징

3) 특별계시의 증거

GOD AND JESUS

2과 하나님의 계시
: 일반계시와 특별계시

1. 계시에 대한 이해

1) 계시의 의미

계시(Revelation)란 헬라어로 '아포칼립시스'(ἀποκάλυψις)라고 하는데, 이는 '어떤 것을 드러내다' 혹은 '드러나 보이게 하다'라는 뜻을 지니고 있다. 하나님께서는 인간에게 친히 자기를 드러내신다.

하나님께서는 자신의 본질, 속성, 능력 등을 여러 가지 형태로 나타내신다. 하나님께서는 성령을 통하여 자신에 대한 것을 인간으로 하여금 깨닫게 하신다(고전 2:9~10).

＊고린도전서 2:9~10
"기록된 바 하나님이 자기를 사랑하는 자들을 위하여 예비하신 모든 것은 눈으로 보지 못하고 귀로 듣지 못하고 사람의 마음으로 생각하지도 못하였다 함과 같으니라 오직 하나님이 성령으로 이것을 우리에게 보이셨으니 성령은 모든 것 곧 하나님의 깊은 것까지도 통달하시느니라"

2) 계시의 목적

하나님께서는 자신과 그의 나라를 인간에게 알리시기 원한다. 죄악으로 타락한 인간이 예수 그리스도를 통해 구원받고 영생을 얻게 하시기 위함이다. 예수 그리스도는 모든 계시의 절정이고 중심이다. 모든 계시는 그리스도의 계시를 위한 준비이고 그리스도를 미리 보여 주기 위함이다.

3) 계시의 필요성

계시는 인간이 하나님에 대한 지식을 알기 위해 필요하다. 인간은 하나님에 대해 직접적으로 알 수 없다. 시간과 공간의 지배를 받은 존재로 지음 받은 인간이, 시간과 공간을 초월해 존재하시는 하나님을 알기 위해서는 하나님의 계시가 반드시 필요하다.

또한 계시가 필요한 이유는 인간을 향한 하나님의 사랑을 나타낼 수 있기 때문이다. 하나님의 무한한 사랑은 계시를 통해 인간에게 드러난다. 인간의 범죄로 인해 하나님과의 관계가 단절되었으나 하나님께서는 계시를 통하여 인간을 향한 하나님의 뜻을 알게 하셨다.

4) 계시의 종류

인간에게 나타난 하나님의 계시는 일반계시(자연계시)와 특별계시로 구분된다. 하나님께서는 자신을 드러내 보이시기 위해 자연적이며 보편적인 방법인 자연계시와 특수적인 방법인 특별계시를 사용하신다.

* **초월(超越)**
경험이나 인식의 범위 너머에 존재하는 것과 가능적 경험의 영역 밖에 있는 것 그리고 의식의 범위에 속하지 않는 일 등을 나타내는 말이다. 이 용어는 하나님처럼 유한한 존재를 뛰어넘는 것을 의미할 때 사용된다.

일반계시는 하나님의 창조 법칙에 따라 나타나는 사건이나 사물을 사용하신다. 특별계시는 하나님의 특별한 방법을 통하여 나타난다. 특별계시는 신현(神顯, 하나님의 나타나심), 성경 말씀, 기적, 꿈과 환상 등 특수한 방법에 의해 나타난다.

＊신현(神顯, Theophany)
하나님의 나타나심을 '신의 나타나심' 즉, 신의 현현(顯現) 혹은 신현(神顯)으로 표현한다.

2. 하나님의 일반계시

1) 일반계시의 의미

일반계시는 하나님께서 창조하신 자연, 역사의 변천, 인간의 양심을 통해 하나님의 보이지 아니하는 신성과 그의 영원하신 능력을 드러내는 것을 말한다. 일반계시는 모든 사람으로 하여금 자신이 하나님의 피조물임을 알게 한다(행 17:18~29).

일반계시는 그리스도인으로 하여금 특별계시에 의한 기독교 진리를 확증하는 데 도움을 준다. 모든 사람이 자신의 범죄에 대해 인정하지 않을 수 없게 한다(롬 1:19~20, 2:14~15). 하지만 일반계시만으로는 예수 그리스도에 의한 구원의 진리를 알 수 없다(고전 1:21).

＊자연(自然)
사람에 의해 가공되지 않은 천연 그대로의 상태를 말한다.

＊역사(歷史)
인류 사회의 과거의 변천 및 흥망 등에 대한 기록을 가리킨다. 성경은 하나님이 역사 안에서 주권적인 창조 의지와 행위를 통해 역사를 주도하심으로 하나님을 역사의 주관자로 본다.

2) 일반계시의 증거

(1) 자연

• 하나님께서는 자연을 통하여 그의 존재와 성품과 능력을 드러내신다(시 8:1~3, 19:1~2).

▶ 자연 가운데 존재하는 각 개체의 특성은 하나님께서 자연을 창조하셨음을 여실히 보여 준다(롬 1:20).

▶ 무수하고 다양한 만물의 질서, 조화, 아름다움은 하나님의 능력과 신성을 나타낸다.

(2) 역사의 변천

• 세계 역사의 변천과 그 가운데 나타나는 사건들을 통해서 이 세계를 다스리시고 섭리하는 자가 있음을 알게 된다(시 75:6~7; 행 17:26~27).

• 특히 이스라엘과 관련된 앗수르(사 10:12~19), 바벨론(렘 51:1~64), 메대와 바사(사 44:24~45:7), 헬라(단 11:5~35), 로마(단 7:7,23) 등 여러 나라의 흥망성쇠를 볼 때 하나님의 존재와 그 역사하심을 알 수 있다.

▶ 이것은 세계 역사에 나타난 제국들과 제왕들의 운명이 하나님의 손에 달려 있음을 보여 준다(시 75:6~7).

＊앗수르

티그리스 강 상류와 유프라테스 강 사이에 위치하며 창세기 2장 14절에 언급되고 있다. B.C. 722년경 사르곤 2세가 북이스라엘을 함락시키고 인종 혼합 정책을 시행했다. 앗수르의 종교는 바벨론 종교에 기초한 전쟁의 신인 '앗수르'를 숭배했다.

＊바벨론

고대문화의 시작과 발달지로 서부 아시아 문명의 선구자 역할을 했으며 서부 아시아를 제패한 도시였다. 수메르인들은 최초의 문자 체계인 설형문자를 만들었고, 지금까지 알려진 가장 오래된 법전을 편찬했으며, 도시국가를 발전시킴으로써 서양문명의 형성에 큰 영향을 미쳤다.

＊메대

현재의 이란 북서부 지방을 지칭하며 성경에 바벨론을 멸망시킨 나라로 언급되고 있다(사 13:17, 21:2).

＊바사

현재 이란 지방으로, 고레스가 메대와 바벨론을 멸망시켜 건국한 이후 200년간 존속한 나라이다.

(3) 인간의 양심

- 인간에게는 선악(善惡)을 분별할 수 있는 양심이라는 '도덕적 성품' 이 있다.

- 인간의 양심은 제한적이지만 하나님의 존재하심을 알게 할 뿐만 아니라 인간의 죄를 깨닫게 한다(롬 2:14~16; 전 12:14).
  - ▶ 양심을 통해 죄를 심판하시는 심판주가 계심을 알게 한다.

3) 일반계시의 불충분성

일반계시는 중요한 의미를 지니고 있으나 하나님과 영적인 문제에 대한 절대적 지식을 줄 수는 없다. 하나님을 신뢰할만한 지식과 구원의 참된 진리를 알기에는 한계를 지니고 있다(고전 1:21; 행 4:12; 요 14:16).

인간에게 죄가 들어온 후 사람은 일반계시만으로는 하나님을 알 수 없게 되었다. 일반계시를 통해서는 인류의 구원 과정을 알 수 없으며, 그것은 단지 특별계시를 위한 예비 과정이라 할 수 있다. 이러한 일반계시의 불충분성은 하나님의 특별계시가 필요함을 보여 준다.

*** 헬라**
유럽의 남동부 발칸 반도의 남단에 위치하며, 이곳에서 발달한 헬레니즘은 헤브라이즘과 더불어 유럽 문화의 2대 요소 중 하나이다.

*** 양심(良心)**
사람의 도덕 의식으로 사물의 선악(善惡), 정사(正邪) 등을 판단하는 능력을 말한다.

3. 하나님의 특별계시

1) 특별계시의 의미

하나님은 일반계시를 통해 하나님의 존재를 나타내셨으나(행 17:27), 타락한 인간은 하나님을 알지 못하고 하나님이 아닌 존재들을 섬기며 심지어 자기 자신을 섬기기도 하는 죄를 범하게 되었다.

특별계시는 일반계시로는 다 밝힐 수 없는 하나님의 뜻과 구원의 섭리 그리고 인간 구속의 역사를 특별한 시대에, 특별한 방법으로, 특별한 사람에게 알리신 것을 말한다.

일반계시는 누구에게나 개방적이므로 다 받을 수 있으나, 특별계시는 예수님과 성경 그리고 기적적 사건들을 통해 알 수 있다.

하나님께서는 죄 가운데 빠진 인간을 구원하기 위해 하나님의 독생자이신 예수님을 보내시고 예수님의 삶과 사역을 통해 자신을 계시하셨다(골 1:15).

하나님은 성경 말씀을 통해 일반계시로는 알 수 없는 삼위일체 하나님과 구속의 진리를 인간에게 알려주시고자 하셨다(딤후 3:15~16).

＊사도행전 17:27
"이는 사람으로 혹 하나님을 더듬어 찾아 발견하게 하려 하심이로되 그는 우리 각 사람에게서 멀리 계시지 아니하도다"

＊골로새서 1:15
"그는 보이지 아니하는 하나님의 형상이시요 모든 피조물보다 먼저 나신 이시니"

2) 특별계시의 특징

(1) 목적성

- 특별계시는 단순히 우주와 인간에 대한 지식의 전달을 위한 것이 아니라 하나님의 인간 구원에 대한 계획을 알게 하기 위해서 주어진 계시이다.

- 그리스도의 속죄 사역을 통해 죄인이 변화되어 구원받게 함을 목적으로 하는 이른바 의도적 계시이다.

(2) 역사적 점진성

- 특별계시는 역사 가운데, 역사의 발전 과정을 통해 점진적으로 주어졌다.
  - ▶ 인간 창조 이후 전개된 역사적 상황 속에서 점진적으로 계시되었다.
  - ▶ 하나님께서는 구약시대부터 다양한 방법을 통해 자신의 뜻을 인간에게 계시하셨다.

- 특별계시는 그리스도의 성육신을 통해 최고도에 달했으며 이어 성령 강림, 사도들의 복음 증거로 계속되다가 성경의 완성으로 종결되었다.

(3) 실증성

- 특별계시는 단순히 말씀만으로 나타난 관념적

성질이 아니라 특별한 시대의 특별한 사건들에 나타난 하나님의 구체적인 구원 행동으로 실증된다.

• 특별계시는 구약의 이스라엘 백성에 나타난 하나님의 역사하심과 신약의 예수 그리스도와 성령의 활동으로 나타난다.

3) 특별계시의 증거

특별계시는 인류 역사를 통해 크게 네 가지로 증거된다. 하나님께서는 신현(神顯) 즉, 하나님의 나타나심과 성경 말씀, 기적 그리고 꿈과 환상을 통해 특별히 자신을 계시하신다.

(1) 신현(神顯)

• 직접 나타나심
  ▶ 하나님은 친히 자신을 사람들에게 나타내 보이심으로 자신을 계시하셨다.
  ▶ 하나님은 에덴 동산에서 사람과 교제하셨다(창 3:8).
  ▶ 하나님은 불과 구름 기둥 가운데 자신을 나타내 보이셨다(출 19:18, 40:34; 왕상 8:10).

• 천사 혹은 사람의 모습으로 나타나심
  ▶ 아브라함에게 나타나셨다(창 18:1~2).

＊창세기 3:8
"그들이 그 날 바람이 불 때 동산에 거니시는 야훼 하나님의 소리를 듣고 아담과 그의 아내가 야훼 하나님의 낯을 피하여 동산 나무 사이에 숨은지라"

▶ 야곱에게 나타나셨다(창 32:24,29~30; 호 12:3~4).

▶ 모세에게 나타나셨다(출 3:2, 23:20, 33:18~23).

▶ 기드온에게 나타나셨다(삿 6:11~24).

▶ 삼손의 부모에게 나타나셨다(삿 13:8~14).

▶ 다니엘에게 나타나셨다(단 6:21~22, 7:9~14).

* 삼손
이스라엘의 사사 가운데 한 사람으로 단 지파 마노아의 아들이다. 나실인으로 그의 임무는 이스라엘을 블레셋의 손에서 구원하는 것이었으며 괴력의 소유자였다(삿 13:1~16:31).

• 예수 그리스도의 성육신

▶ 하나님의 나타나심의 절정은 예수 그리스도의 성육신 사건이다(요 1:14, 14:9; 딤전 3:16).

▶ 성육신 이전의 그리스도는 선지자들에 의해 '인자' 의 모습으로 하나님의 뜻을 계시하셨다(겔 2:1,3,6,8; 단 7:9~14).

▶ 성육신 이전의 예수 그리스도는 다양한 방법(이상, 꿈, 환상)으로 하나님을 나타내 보이셨다.

▶ 예수 그리스도는 하나님의 특별계시인 말씀(성경)의 핵심 사항이다.

• 예수 그리스도에 관한 계시는 성경(구약 및 신약) 여러 곳에 언급되고 있다.

예수 그리스도에 관한 계시	구약	신약
① 동정녀에게서 탄생	사 7:14	마 1:23
② 아브라함 후손, 유다 족속, 다윗 계열에서 나심	창 12:3, 49:10; 시 110:1	갈 3:8; 히 7:14; 롬 1:3
③ 베들레헴에서 탄생	미 5:2	마 2:6
④ 성령의 기름부음을 받으심	사 61:1~2	눅 4:18~19
⑤ 나귀를 타시고 예루살렘에 입성하심	슥 9:9	마 21:4~5
⑥ 친구에게 배반을 받으심	시 41:9	요 13:18
⑦ 은 30에 팔리심	슥 11:12~13	마 26:15, 27:9~10
⑧ 제자들에게 버림받으심	슥 13:7	마 26:31,56
⑨ 손과 발에 못을 박히시나 뼈는 안 부러짐	시 22:16, 34:20	요 19:36, 20:20,25
⑩ 쓸개 탄 포도주를 마시게 함	시 69:21	마 27:34
⑪ 옷을 취해 제비로 나눔	시 22:18	마 27:35
⑫ 하나님께 버림당하심	시 22:1	마 27:46
⑬ 부자와 함께 장사 당하심	사 53:9	마 27:57~60
⑭ 죽은 자 가운데 일어나심	시 16:8~11	행 2:27
⑮ 높은 데 오르심	시 68:18	엡 4:8
⑯ 아버지 우편에 앉으심	시 110:1	마 24:43,45

• 성육신하여 이 세상에 오신 예수 그리스도는 사람들 가운데서 자신이 하나님이심을 여러 모양으로 계시하셨다.

예수님의 하나님 계시	계시의 내용	참고 성경 구절
하나님의 존재	• 하나님께서 존재하심에 대하여 말씀 • 무죄한 생활과 교훈 • 역사(役事)	요 8:42 요 8:46; 마 7:28~29 요 5:36
하나님의 성품	• 신령한 성품 • 하나님의 거룩하심 • 깊으신 사랑	요 4:19~26 요 17:11 요 3:16
하나님의 뜻	• 모든 사람이 회개함 • 그리스도를 믿음 • 하나님처럼 온전하게 됨 • 믿는 자는 복음을 전파함	눅 13:1~5 요 6:28~29 마 5:48 마 28:19~20

(2) 성경 말씀

• 기록된 계시로서의 성경

▶ 하나님께서 특별한 방법이나 수단을 통하여 자신의 존재를 드러낸 계시들을 언어로 기록하여 놓은 것이 성경이다.

▶ 성경은 성령의 영감에 의해 기록되었으며 오류가 없는 하나님의 계시의 말씀이다(딤후 3:16). 성경의 어느 특정한 부분만 해당하는 것이 아니라 모든 구절 하나하나에 이르기까지 완전한 영감에 의해 쓰였다.

▶ 성경의 계시를 통하여 하나님은 의식적이고 자발적이고 의도적인 신적 진리를 전달하신다(신 29:29; 히 1:1~2).

▶ 계시가 제대로 보존되어 수여 목적을 이루기 위해서는 문자로 기록되어야 했다.

• 의도적 계시로서의 성경

▶ 성경은 이 세상의 오직 유일한 구원자 예수 그리스도에 관해서 계시해 주고 있다.

▶ 성경은 인간의 근본적인 문제인 죄에 대하여 확실하게 밝혀 주고 있다. 성경은 하나님만이 죄를 제거하실 수 있는 구원자라는 것을 계시해 주고 있다(롬 3:9~20).

▶ 성경이 계시하고 있는 중심은 예수 그리스도이시며, 예수님께서도 자신이 성경의 중심이라고 말씀하셨다(요 5:39).

＊영감의 성질에 대한 세 가지 견해

① 기계적 영감설: 성경의 저자들이 성경을 기록할 때, 하나님께서 불러주시는 대로 기계처럼 받아쓰기만 했다는 견해.

② 동력적 영감설: 성경의 저자들은 그들 위에 역사한 성령님의 일반적인 감화를 받았을 뿐, 저자 자신의 마음대로 성경을 기록하였다는 견해.

③ 유기적 영감설: 하나님은 인간 기록자들을 통하여 자신을 계시하고자 할 때에 기록자(선지자, 사도)의 내적인 인간성, 재능, 교양, 용어, 문체를 최대한 활용하셨으며, 또한 성령으로 충만하게 하셔서 모든 것이 아름답게 조화되는 중에 글이 완성되도록 하셨다는 견해.

위 세 가지 중에서 가장 성경적인 것은 유기적 영감설이다.

- 권위적 계시로서의 성경
  - ▶ 성경이 신적 권위를 갖는 것은 성경의 저자가 진리 자체이신 하나님이시며, 성경이 성령의 감동으로 기록되었기 때문이다(딤후 3:16).
  - ▶ 성경의 모든 말씀은 하나님의 말씀이므로, 성경 말씀에 순종하는 것은 하나님께 순종하는 것이요, 성경 말씀에 불순종하는 것은 하나님께 불순종하는 것이다.
  - ▶ 순복음 신앙은 성령의 감동으로 기록된 하나님의 계시의 말씀을 온전히 믿고 받아들임으로써 성경에 대한 신적 권위를 증거한다.

- 필요적 계시로서의 성경
  - ▶ 성경 없이는 어떤 사람도 하나님과 그의 아들 예수 그리스도를 알 수 없으며 구원에 이를 수 없다.
  - ▶ 오직 성경을 통해서만 우리가 예수 그리스도로 말미암아 구원을 얻게 한다는 사실을 알게 된다(요 20:31).

- 명료적 계시로서의 성경
  - ▶ 성경은 그 내용이 명료하게 제시되어 있으므로 구원에 이르는 근본진리를 깨닫게 한다.

＊디모데후서 3:16
"모든 성경은 하나님의 감동으로 된 것으로 교훈과 책망과 바르게 함과 의로 교육하기에 유익하니"

▶ 성경은 그리스도인이 필수적으로 알아야 할 것들에 대해 분명하고 확실하게 구체적으로 제시하고 있다.

(3) 기적

• 기적은 하나님께서 그의 섭리와 경륜에 따라 구원 사역을 이루시기 위하여 사용하는 특별한 행위이다.

▶ 기적은 구원에 대한 계시의 방법이자 실행의 방식이다.

▶ 기적은 하나님께서 자신의 섭리와 경륜에 의해 구원 사역을 이루시기 위해 하시는 특별 행위이다.

• 자연법칙을 정하신 분은 하나님이시기 때문에 특별한 경우에는 자연법칙을 초월해 기적을 행하실 수 있다.

▶ 하나님께서 기적을 행하신다고 해서 자연법칙이 파괴되는 것은 아니다.

▶ 하나님께서는 필요하실 때 기적을 통해 자신의 말씀과 진리를 확증하셨다(신 4:34~35; 요 20:30~31; 행 2:22; 히 2:4).

▶ 성경에 나타난 기적에 대한 시대와 특징은 다음과 같다.

＊섭리(攝理)

인간 및 자연 세계가 하나님의 주권에 힘입고 있다는 믿음을 나타내는 표현이다. 섭리의 세 요소는 보존과 협력, 통치이며 일반 섭리와 특별 섭리로 구분된다.

＊섭리의 두 가지 형태

① 일반섭리: 우주와 만물 및 전체 인간에 대한 통치를 나타낸다(마 5:45).

② 특별섭리: 믿는 자의 삶에 대한 하나님의 돌보심을 나타낸다(롬 8:32~39).

＊경륜(經綸)

하나님께서 자신의 계획을 수행하시기 위해 인간을 위해 취하시는 조치이다. 즉 인류 구원의 예정, 그리스도의 속죄 등은 하나님의 경륜이다(엡 1:9).

시 대	특 징
모세, 여호수아	하나님의 율법의 전달, 기록, 확증
엘리야, 엘리사	배교의 시대에 하나님은 참된 경건과 진리의 지식을 확증하심
다니엘과 세 친구	하나님이 역사의 주관자이자 세상의 왕이심을 증거하심
예수 그리스도, 사도	하나님의 특별계시의 절정 및 완성

(4) 꿈과 환상

- 하나님께서 직접 말씀하실 수 없는 경우 꿈과 환상으로 자신의 뜻을 계시하신다.
  - ▶ 하나님은 꿈과 환상을 통해 장차 되어질 일을 계시하신다.
  - ▶ 하나님은 꿈과 환상을 통해 경고와 지시를 계시하신다.
  - ▶ 하나님은 꿈과 환상을 통해 자신의 백성을 인도하신다.

- 구약에서 하나님께서 꿈으로 계시하신 경우는 다음과 같다.

＊**아비멜렉(Abimelech)**
그랄 왕으로 아브라함의 아내 사라를 취하여 궁녀를 삼으려고 하다가 야훼의 금지하심으로 사라를 돌려보내고 아브라함과 평화 조약을 체결하였다(창 20:1~21).

계시 사건	성 구
하나님께서 아비멜렉의 꿈을 통해 사라가 아브라함의 아내임을 알게 하심	창 20:1~18
야곱의 꿈과 하늘의 사닥다리	창 28:10~20
야곱의 가나안으로의 귀환 시기	창 31:3
야곱이 라반을 퇴치할 지혜 얻음	창 31:10~13
요셉의 형제와 가족에 대한 군림	창 37:1~11
요셉의 꿈 해석과 국무총리 직분	창 40, 41장
다니엘의 느부갓네살 왕의 꿈 해석과 꿈으로 네 짐승에 대한 환상을 봄	단 2, 7장

• 신약에서 하나님께서 꿈으로 계시하신 경우는 다음과 같다.

계시 사건	성 구
요셉의 꿈- 마리아를 아내로 받아들임	마 1:20
동방박사의 꿈- 헤롯왕을 피함	마 2:12
요셉의 꿈- 애굽으로의 피신	마 2:13
요셉의 꿈- 나사렛으로의 귀환	마 2:19

*** 느부갓네살 (Nebuchadnezzar)**

갈대아 왕으로 신바벨론 제국의 창건자이다.

다니엘이 그의 꿈을 해석한 후 다니엘을 바벨론의 치리자로 삼았다(단 2:7). 그후 두라 평원에 금 우상을 세워 경배하게 하였다. 그러나 금 우상에게 경배하지 않는 이스라엘의 세 청년을 풀무불에 던졌으나 머리칼 하나도 상하지 않는 것을 보고 그들을 더욱 높이고 하나님을 찬양하였다(단 3장).

GOD
AND
JESUS

3과

하나님의 본성과 속성

1. 하나님의 본성

1) 영이시다

2) 무한하시다

3) 유일하시다

4) 인격체이시다

2. 하나님만의 속성

1) 전지하시다

2) 전능하시다

3) 무소부재하시다

3. 인간과 함께하는 속성

1) 사랑이시다

2) 거룩하시다

3) 의로우시다

4) 선하시다

5) 진실하시다

GOD AND JESUS

3과 하나님의 본성과 속성

1. 하나님의 본성

하나님의 본성(本性)이란 하나님께서 본래 지니고 계신 성품을 말한다. 하나님은 인간의 이해를 초월한 성품들을 다음과 같이 가지고 계신다.

1) 영이시다(靈性)

하나님은 영이시므로 인간과 같은 육체를 필요로 하지 않으신다(요 4:24). 하나님은 어디에나 자유롭게 계시는 영이시기에 인간의 감각으로 하나님을 인식할 수 없다.

＊인간의 감각(感覺)
인간의 감각은 보통 다섯 가지, 즉 시각(視覺), 청각(聽覺), 후각(嗅覺), 미각(味覺), 촉각(觸覺)으로 구분된다.

(1) 하나님은 물질이 아니시다

- 하나님은 물질로 이루어지지 않으시며 또한 형체가 없으시다(눅 24:39; 출 20:4~5).
- 성경에 하나님이 인간의 신체로 표현된 것은 인간으로 하여금 하나님을 이해하기 위함이

다(신인동형동성).

(2) 하나님은 인간의 눈으로 볼 수 없는 분이시다

• 하나님은 본질적으로 보이지 아니하는 분이시다(롬 1:20; 골 1:15).

▶ 특별한 경우에 보이는 형태로 나타나시기도 한다(요 1:32; 히 1:7). 출애굽 여정에서 하나님은 모세에게 영광의 그림자를 드러내시기도 하셨다(출 33:21~23).

2) 무한하시다(無限性)

(1) 시간에 있어서 무한하시다

• 하나님은 어떤 시간의 변화에도 영향을 받지 않으신다.

▶ 하나님은 영원부터 영원까지 존재하시는 분이시며 어제나 오늘이나 영원토록 동일하신 분이시다(히 13:8).

• 하나님은 시간을 창조하신 분이시다(히 11:3).

▶ 하나님은 시작이나 끝이 없으시며 모든 시간의 연속에서 완전히 자재(自在)하신다.

(2) 공간에 있어서 무한하시다

• 하나님은 공간의 제약을 받지 않기 때문에 어느 곳에든지 동시에 존재하신다.

＊신인동형동성(神人同形同性)

하나님은 인간과는 달리 육체를 갖지 않으신 순수한 영이시다. 그럼에도 불구하고 성경에는 하나님의 손(출 3:20), 하나님의 팔(출 6:6), 하나님의 귀와 눈(사 37:17) 등의 표현이 나온다.

이런 표현들은 하나님이 인간처럼 형체를 가지고 있는 것을 말하는 것이 아니라 하나님의 신적인 속성들이나 활동을 인간과 유사한 모습으로 묘사한 것이다.

이처럼 하나님을 인간의 용어로 표현하거나 혹은 인간의 품성을 지닌 것처럼 묘사하는 것을 '신인동형동성'이라고 한다.

＊자재(自在)

스스로 있는 것을 의미한다.

• 하나님은 모든 창조물 속에 계신다.
▶ 하나님은 모든 피조물 속에 내주하시지만 그것에 결코 제한받지 않으신다.

3) 유일하시다(唯一性)

하나님은 유일하신 하나님이므로(신 6:4), 우리가 믿어야 할 분은 오직 하나님 한 분 뿐이시다. 세계 여러 종교에서는 다양한 신을 여러 방식으로 믿고 숭배하지만 하나님께서는 나 외에 다른 신을 두지 말라고 하신다(신 5:7).

(1) 하나님은 오직 한 분이시다(딤전 6:15)
• 수(數)에 있어 하나인 분이시다.

• 세상 어디에도 하나님과 같은 분은 없다.

(2) 본질과 특성이 단일한 분이시다(출 3:14)
• 하나님은 여러 가지 요소로 구성되지 않은 분이시다.

• 이러한 내적 단순성에 의해 하나님은 스스로 계신다.

*** 내주(內住)**
어떤 장소에 들어가 사는 것, 안에 삶.

*** 신명기 6:4**
"이스라엘아 들으라 우리 하나님 야훼는 오직 유일한 야훼이시니"

*** 디모데전서 6:15**
"기약이 이르면 하나님이 그의 나타나심을 보이시리니 하나님은 복되시고 유일하신 주권자이시며 만왕의 왕이시며 만주의 주시요"

*** 출애굽기 3:14**
"하나님이 모세에게 이르시되 나는 스스로 있는 자이니라 또 이르시되 너는 이스라엘 자손에게 이같이 이르기를 스스로 있는 자가 나를 너희에게 보내셨다 하라"

4) 인격체이시다(人格性)

(1) 하나님은 인격의 요소인 지, 정, 의를 소유하고 계신다

• 하나님은 완전한 지성을 지니고 계신다(창 18:19; 출 3:7; 행 15:18).

• 하나님은 감성을 지니고 계신다(창 6:6; 시 103:8~13; 요일 4:7~10).

• 하나님은 스스로의 의지를 지니고 계신다(창 3:15; 시 115:3; 요 6:38).

• 하나님은 인격적 이름을 지니신 분이시다.

(2) 인격체이신 하나님은 인간과 대화하기를 원하신다

• 하나님은 인간의 기도를 들으시며 응답하신다.

• 인간과 사랑의 교제를 나누시기를 원하신다.

(3) 인격체이신 인간의 행위를 살피시고 돌보신다

• 하나님께서는 인간의 행위를 보시며 판단하신다.

• 인간의 불의에 대해 진노하신다.

• 인간을 친히 돌보시며 인도하신다.

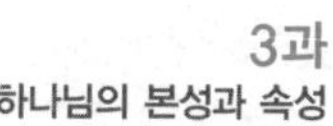

2. 하나님만의 속성 (비공유적 속성)

하나님의 속성이란 하나님의 본성이 존재하고 작용하는 특성을 의미한다. 이것은 오직 하나님만이 독특하게 지니시는 속성(비공유적 속성)과 인간과 함께하는 속성(공유적 속성)으로 구분된다.

하나님만이 지니는 속성으로는 하나님은 전지(全知)하시고, 전능(全能)하시며, 무소부재(無所不在)하신 특성들을 들 수 있다. 이러한 속성들은 하나님 외에 다른 존재가 지니지 못하고 있으므로(시 97:9) 인간의 지혜와 도덕성으로는 하나님에 이를 수 없다.

＊공유적(共有的)과 비공유적(非共有的)

① 공유적: 어떤 것을 공동으로 소유하며 보편적이다.

② 비공유적: 공동으로 소유하지 않고 특별한 존재에게 속하는 것. 특수적이다.

＊시편 97:9

"야훼여 주는 온 땅 위에 지존하시고 모든 신들보다 위에 계시니이다"

1) 전지하시다(全知性)

하나님은 친히 자신을 아시며 세상의 모든 것을 아신다. 하나님께서 모든 것을 아는 지식은 창조주요 절대자로서 하나님 스스로 가지신 지식이다.

(1) 하나님은 자기 자신을 아신다

• 세상 어떤 존재도 자기 자신을 명확하게 알지 못한다.

• 오직 하나님만이 자기 자신을 아시며 이것이야말로 하나님에 대한 가장 기본적인 지식이다(마 11:27; 고전 2:11).

• 하나님은 이 속성 하나만으로도 모든 피조물을 능가하신다.

(2) 시간과 공간의 모든 것을 아신다

• 하나님께서는 온 우주의 과거와 현재와 미래에 걸쳐 모든 일을 알고 계신다.
  ▶ 하나님은 인류에게 일어나는 모든 일을 다 아신다(시 139:2~4).
  ▶ 동·식물 등 자연환경에 나타난 일들도 다 아신다(마 10:29).

(3) 하나님은 실제로 존재하고 있는 모든 것을 아신다

• 무생물과 생물 등 피조물의 모든 것을 아신다(시 147:4; 마 10:29).
  ▶ 인간의 마음과 생각을 다 아신다(시 139:1~4; 롬 8:27).
  ▶ 인간이 무엇을 바라는지 그 소원을 다 아신다(마 6:8,32).

• 하나님은 실제로 이루어진 일뿐만 아니라 이루어질 가능성 있는 일들도 알고 계신다.

＊예정론과 자유의지론의 비교

① 예정론: 인간의 구원은 인간 스스로의 행위로 되는 것이 아니라, 하나님께서 인간을 구원하시기로 예정하고 선택함으로써 이루어진다는 주장이다. 구원에 대한 하나님의 자비와 주권을 강조한다.

② 자유의지론: 하나님께서 주신 선행(先行) 은총에 따라 인간이 자신의 의지를 선용할 때 구원을 받게 된다는 주장으로, 구원에 있어서 인간의 책임을 강조한다.

(4) 하나님은 미래의 모든 상황을 다 아신다.

- 하나님은 미래를 직관적인 능력에 의해 다 아신다.

- 미래에 일어날 모든 일을 다 알고 계신다.

2) 전능하시다(全能性)

'전능'(全能)은 '하나님의 뜻을 이루시는 능력'을 말한다. 하나님은 원하시는 모든 일에 능치 못하심이 없으시다.

(1) 하나님은 하시고자 하는 모든 일을 하신다

- 하나님만이 전능하시므로 하시고자 하는 모든 일을 하실 수 있다.

- 인간이 해결할 수 없는 문제라도 하나님은 하신다(눅 1:37).
  - ▶ 기적들을 행하신다.
  - ▶ 죽은 자를 살리신다(왕상 17:21~22; 왕하 4:17~37; 요 11:17~26; 행 9:36~40, 20:9~12).

- 모든 피조물은 하나님의 전능하심을 인정하게 된다.

＊죽은 자의 살아남

① 엘리야 선지자는 하나님께 기도하여 사르밧 과부의 죽은 아들을 살렸다(왕상 17:21~22).

② 엘리사 선지자는 또한 하나님께 기도하여 수넴 여인의 죽은 아들을 살렸다(왕하 4:17~37).

③ 예수님은 죽은 나사로를 살리셨다(요 11:17~26).

④ 베드로는 하나님께 기도하여 죽은 도르가를 살렸다(행 9:36~40).

⑤ 사도 바울은 삼층에서 떨어져 죽은 청년 유두고를 살렸다(행 20:9~12).

(2) 하나님은 무엇이나 다 행하지는 않으신다

- 하나님이 전능하시다고 해서 그 능력을 무제한적으로 사용하지 않으신다.
  - ▶ 하나님의 성품과 모순되는 것을 행하지 않으신다(약 1:13; 히 6:18; 딤후 2:13).

3) 무소부재하시다(無所不在性)

하나님은 어떤 공간에도 제한받지 않고 자유롭게 운행하신다. 무소부재하신 하나님은 어디나 계시고 활동하시며 인간과 세계의 주권자가 되신다.

(1) 하나님은 계시지 않는 곳이 없으시다

- 하나님이 어느 곳에나 계시다고 해서 육체를 가지신 분이라는 의미는 아니다.

- 하나님께서는 모든 것을 보고 듣고 느끼실 수 있다.

- 인간의 지혜로는 하나님의 광대하심을 이해할 수 없다(대하 6:18).

(2) 하나님은 인간과 함께 계신다

- 인간과 함께 역사하시는 하나님은 인간의 삶에 놀라운 능력을 행하신다.

▶ 하나님은 사람과 멀리 떠나 계시지 않고, 사람은 하나님을 힘입어 살며 움직인다(행 17:2~28).

(3) 하나님은 성도와 함께하신다

• 하나님은 성령님으로 성도 안에 계신다(고전 3:16; 고후 13:5).

• 하나님께서는 말씀과 성령으로 성도들의 환경과 생활을 돌보신다(요 15:4).

＊고린도전서 3:16
"너희는 너희가 하나님의 성전인 것과 하나님의 성령이 너희 안에 계시는 것을 알지못하느냐"

＊요한복음 15:4
"내 안에 거하라 나도 너희 안에 거하리라 가지가 포도나무에 붙어 있지 아니하면 스스로 열매를 맺을 수 없음같이 너희도 내 안에 있지 아니하면 그러하리라"

3. 인간과 함께하는 속성 (공유적 속성)

1) 사랑이시다

하나님의 사랑은 '자신의 형상과 의지에 따라 지으신 피조물을 보고 기뻐하시는 것'이다(창 1장). 이러한 하나님의 사랑은 은혜, 자비, 오래 참으심 등으로 나타난다.

(1) 하나님의 사랑은 무조건적이다

• 하나님은 무조건적 사랑으로 세상을 창조하셨다.

• 하나님의 사랑이 인류 구원을 위해 끊임없이 노력하게 하셨다.

▶ 하나님의 무조건적 사랑이 인간을 지키시고, 보호하시고, 인도하시게 하신다.

(2) 사랑은 하나님의 성품의 완전성을 뜻한다

• 성경은 "하나님은 사랑이시라"고 선언한다(요일 4:8,16).

• 하나님의 사랑은 독생자 예수 그리스도를 이 땅에 보내게 하셨다(요일 4:10).

▶ 하나님의 완전한 사랑이 예수 그리스도에 의해 인간의 죄를 십자가상에서 지고 용서하심으로 구원에 이르게 하셨다(요 3:16).

(3) 하나님의 사랑으로 인간은 사랑의 삶을 살 수 있다

• 하나님께서는 이웃을 사랑하라고 하셨다(마 22:39).

• 하나님은 우리가 서로 사랑하기를 원하신다(요일 4:7~9).

2) 거룩하시다

'하나님의 거룩'이라는 말은 '하나님께서 세상과 분리되어 계시다'라는 의미이다. 거룩한 하나님은 죄와 분리되어 계신 분이기 때문에 죄를 용납하지 않으신다. 그러므로 죄 지은 인간이 거룩한 하나님 앞에 서기 위해서는 죄 사함을 받아야 한다.

(1) 거룩하신 하나님은 거짓이 없으시다

- 하나님은 언제나 신실하시며 그 하신 말씀을 실행하신다(민 23:19).

- 거룩하신 하나님의 약속의 말씀을 믿고 순종하는 자들은 축복을 받아 누리게 된다.

＊민수기 23:19
"하나님은 사람이 아니시니 거짓말을 하지 않으시고 인생이 아니시니 후회가 없으시도다 어찌 그 말씀하신 바를 행하지 않으시며 하신 말씀을 실행하지 않으시랴"

(2) 하나님의 거룩하심은 자신의 백성을 거룩하게 하신다

- 구약에서 하나님은 이스라엘 백성을 구별하여 부르셨고, 성막(성전)을 세우게 하시고 그곳에 임재하시고 거룩하게 하셨다.

- 신약에서 성도들은 하나님의 성전으로서 거룩해야 한다(고전 3:16).
  ▶ 성도들은 거룩하신 하나님을 성령님으로 인정하고 환영하고 모셔들일 때 비로소 성령

님의 역사하심으로 거룩한 삶을 살 수 있다.

(3) 성도는 예수님의 보혈에 의해 하나님의 거룩하심으로 나아갈 수 있다

- 하나님께서는 그의 형상과 모양대로 지은 인간이 거룩하게 살아가기를 원하셨다.
- 죄로 인해 타락하고 더러워진 인간은 거룩한 하나님 앞에 설 수 없었다.
- 인간이 거룩하신 하나님 앞에 설 수 있게 하기 위해서 하나님께서는 예수 그리스도의 십자가 보혈의 은혜를 체험하게 하신다.

3) 의로우시다

하나님의 의는 '하나님께서 자신의 거룩성을 나타내시는 속성'을 의미한다. 의로우신 공의의 하나님은 인간이 하나님의 의에 적합할 때 상을, 부적합할 때는 벌을 내리신다.

(1) 하나님은 의로우신 분이시다

- 하나님은 의로우시기 때문에 공평하게 행하시며 불의를 결코 용납하지 않으신다.
- 하나님은 의로우시기 때문에 개인과 민족, 국

*** 성막(Tabernacle)과 성전(Temple)의 비교**

① 성막: 하나님의 임재를 상징하는 이동식 성소로(출 25:8) 이스라엘 백성이 하나님께 제사 드리던 장소를 말한다. 모세가 40일 금식기도 후 하나님께 율법을 받고 하나님께서 친히 지시하신 규격과 내용으로 만들어지게 되었다(출 24:18~ 25:9).

② 성전: 신성한 집이라는 뜻으로 하나님께 예배드릴 목적으로 세운 건축물을 말한다. 솔로몬이 성전을 건립함으로써 성막은 성전으로 대치되었다(왕상 8:1~4).

가와 역사 등 온 우주를 이끌어 가신다.

(2) 구약시대에 하나님의 의는 '심판의 의'로 나타났다

• 아담과 하와가 죄를 범한 이후로 모든 인류와 만물은 하나님의 의에 합당하지 않았다.

▶ 하나님의 의는 '죄의 삯'에 대하여 '사망의 심판'을 내렸다.

▶ 이 심판을 면하기 위해서 '짐승의 피'가 대신하였는데, 그것은 신약에서 예수님의 보혈에 대한 예표이다.

* **예표(豫表)**
미리 보여 주는 표징을 말한다.

(3) 신약시대에 하나님의 의는 '구원의 의'로 나타났다

• 모든 사람은 인류 조상의 죄로 말미암아 사망에 이르게 되었다(롬 5:12).

* **로마서 5:12**
"그러므로 한 사람으로 말미암아 죄가 세상에 들어오고 죄로 말미암아 사망이 들어왔나니 이와 같이 모든 사람이 죄를 지었으므로 사망이 모든 사람에게 이르렀느니라"

• 우리는 예수님의 십자가 구원 사건을 믿음으로써, 하나님 앞에 의로운 존재로 설 수 있다.

(4) 하나님의 의가 임하면 인간에게 세 가지 결과가 임한다

• 인간은 모든 죄가 용서함을 받아 죄가 없는 상태가 된다.

• 인간은 죄가 없음으로 인하여 하나님 앞에 떳

떳이 설 수 있다.

• 인간은 사탄의 참소와 시험에도 불구하고 승리하게 된다.

4) 선하시다

하나님의 선하심은 '모든 피조물을 너그럽고 자비로운 마음으로 다루시는 성품'을 의미한다. 하나님의 선하심은 인간에게 은혜를 베푸심으로 인간의 영, 육과 환경 가운데서 오는 기쁨과 만족함을 통해서 알 수 있다. 하나님의 은혜를 아는 선한 자들에게 뿐만 아니라 악한 자들에게도 하나님의 선하심은 미친다(눅 6:35).

(1) 하나님 자신이 선이시다

• 이 세상에 선하신 분은 오직 하나님 한 분이시다.

• 하나님은 자신이 선하실 뿐만 아니라 피조물의 선함의 근원이 되신다.

(2) 하나님의 선하신 뜻에 따라 피조물을 창조하셨다

• 하나님의 세계 창조는 선하신 뜻에 의하여 이루어졌다.

＊참소(讒訴)
남을 해치려고 그가 죄가 있는 것처럼 꾸며 윗사람에게 일러바치는 것.

＊누가복음 6:35
"오직 너희는 원수를 사랑하고 선대하며 아무 것도 바라지 말고 꾸어 주라 그리하면 너희 상이 클 것이요 또 지극히 높으신 이의 아들이 되리니 그는 은혜를 모르는 자와 악한 자에게도 인자하시니라"

• 피조물은 선하신 창조에 대하여 "야훼께 감사하라 그는 선하시며 인자하심이 영원하심이로다"(시 136:1)라고 했다.

(3) 선하신 하나님은 모든 인간이 구원의 복된 삶을 영위하기를 원하신다

• 하나님은 자신의 선하신 뜻에 따라 모든 인간이 예수 그리스도를 통한 구원의 은혜를 누리기를 원하신다.

▶ 선하신 하나님은 모든 인간이 죄와 질병과 저주와 죽음에서 해방되어 자유와 생명의 삶을 살기를 원하신다.

▶ 선하신 하나님은 모든 인간이 그리스도에 의해 환경의 저주에서 벗어나 복된 삶을 살기를 원하신다.

5) 진실하시다

하나님의 진실은 그의 뜻이나 그의 백성과의 관계에 있어서 항상 참되시고 거짓이 없으신 것을 의미한다. 진실하신 하나님은 약속의 말씀을 반드시 행하시는 신실하신 분이시다(민 23:19; 히 10:23).

＊히브리서 10:23
"또 약속하신 이는 미쁘시니 우리가 믿는 도리의 소망을 움직이지 말며 굳게 잡고"

(1) 하나님의 성품과 행위는 진실하시다

• 예수님은 하나님을 '유일하신 참 하나님'이라

고 말씀하셨다(요 17:3).

• 사도 바울은 하나님은 거짓 우상과는 존재 자체가 다른 진실하신 하나님이라고 고백했다(고전 8:4~6).

(2) 하나님은 하시는 말씀도 진실하시다

• 하나님은 사람이 아니기 때문에 거짓말을 하지 않으시고 후회가 없으시다(민 23:19).

• 사람은 거짓을 말하기 쉬우나 하나님은 참된 말씀만 하신다(롬 3:4).

(3) 진실하신 하나님을 믿는 자는 진실하게 행해야 한다

• 하나님께서 진실하다는 것을 믿는 사람은 남을 속이거나 거짓을 말해서는 안 된다.

• 참되신 하나님을 믿는 사람은 그 언행이 참되어야 한다.

＊ 요한복음 17:3
"영생은 곧 유일하신 참 하나님과 그가 보내신 자 예수 그리스도를 아는 것이니이다"

＊ 후회(後悔)와 회개(悔改)의 비교
① 후회: 단순히 죄에 대한 인정과 슬픔을 뜻한다.
② 회개: 죄를 슬퍼하고 그것을 고백할 뿐만 아니라 그 죄에서 완전히 돌이켜 새롭게 사는 것을 말한다.

4과

삼위일체 하나님

1. 삼위(三位)에 대한 이해
    1) 성부 하나님
    2) 성자 예수님
    3) 성령 하나님

2. 삼위일체(三位一體)의 의미
    1) 삼위의 상호 관계성
    2) 삼위의 통일성

3. 삼위일체의 성경적 증거
    1) 구약
    2) 신약

4. 삼위일체 하나님의 역할
    1) 창조자 – 성부
    2) 중보자 – 성자
    3) 실행자 – 성령

5. 삼위일체에 대한 잘못된 견해들
    1) 단일신론(양자설)
    2) 성부수난설(양태론)
    3) 종속설
    4) 반(半)종속설
    5) 성령 이단설
    6) 정통 입장

6. 순복음 신앙과 삼위일체 하나님
    1) 좋으신 하나님
    2) 구속자 예수님
    3) 보혜사 성령님

GOD AND JESUS

4과 삼위일체 하나님

1. 삼위(三位)에 대한 이해

'삼위'(三位)란 성부(聖父), 성자(聖子), 성령(聖靈) 하나님이 각각 개별적인 세 인격을 지니신 것을 말한다. 여기서 위(位)는 인격적인 특성의 존재 양식을 말한다.

1) 성부 하나님

삼위 중에 제1위는 '성부(聖父)'이신 하나님 아버지를 가리킨다. 성부 하나님은 이 세상을 창조하시고 다스리시며 인간의 구원을 계획하시는 분이시다. 성부 하나님은 만물의 근원이 되시며(고전 8:6; 약 1:17), 선민 이스라엘의 아버지이시며(신 32:6; 사 63:16, 64:8; 말 1:6), 또한 믿음으로 양자된 성도들의 아버지가 되신다(마 5:45; 롬 8:15; 요일 1:3).

＊삼위일체(三位一體)

'삼위일체'란 말은 성경에 나타나지 않지만(초대교회시대 교부인 '터툴리안'이 처음으로 사용함), 이는 확실히 성경적이다. 우리는 하나님이 성부, 성자, 성령으로 나타나셔서 그때그때마다 얼마나 다양하게 구원사역을 이끌어 나가시는지 성경을 통해서 잘 알 수 있다(창 1:26; 마 28:19; 요 17:4~5).

＊선민(選民)

하나님에 의해 특별히 선택된 백성을 지칭하는 말로 구약에서는 이스라엘 민족을, 신약에서는 예수님을 믿고 하나님의 백성이 된 그리스도인을 가리킨다. 하나님의 선택은 순전히 은혜에 기인한 것이며 궁극적으로 영광을 받으시기 위함이다.

2) 성자 하나님

삼위 중 제2위는 '성자(聖子)' 이신 '하나님의 아들' 을 가리킨다. 성자란 명칭은 예수님이 성부 하나님의 독생자이시고(요 1:14,18, 3:16), 하나님의 선택한 메시아(그리스도)이시며(마 26:64), 성령으로 잉태하여 태어나셨기에(눅 1:32,35) 불린 명칭이다.

성자 예수님은 창세 전부터 존재하신 분으로 성부 하나님이 만물을 창조하실 때에 함께하셨고, 인간의 육체를 입고 이 세상에 오셔서 인간 구속의 사명을 성취하셨다(요 1:1~5,14, 8:58, 17:5). 성자 예수님은 인류의 구속자이시며, 또한 피조물이 구속을 받는 근거가 되신다(엡 1:10; 빌 2:5~11; 골 1:20).

3) 성령 하나님

삼위 중 제3위는 보혜사 '성령(聖靈)' 이시다. 성령 하나님은 인격체로서 지식과 감정과 의지를 가지고 계신다(고전 2:10, 12:11; 롬 5:5, 8:27). 성령 하나님은 사람에게 영감을 주셔서 하나님의 말씀을 기록하고 해석하게 하신다(벧후 1:20~21; 고전 2:12~13). 성령 하나님은 예수님의 몸 된 교회를 세우고 확장시키신다(행 20:28). 성령 하나님은 성도들의 마음을 성전삼아 거하시며 거룩하게 하신다(고전 3:16; 벧전 1:2).

*** 고린도전서 3:16**
"너희는 너희가 하나님의 성전인 것과 하나님의 성령이 너희 안에 계시는 것을 알지 못하느냐"

*** 베드로전서 1:2**
"곧 하나님 아버지의 미리 아심을 따라 성령이 거룩하게 하심으로 순종함과 예수 그리스도의 피 뿌림을 얻기 위하여 택하심을 받은 자들에게 편지하노니 은혜와 평강이 너희에게 더욱 많을지어다"

2. 삼위일체(三位一體)의 의미

하나님은 세 분의 다른 인격과 다른 개체를 지니신 성부, 성자, 성령의 삼위로 계심과 동시에 삼위의 하나님은 그 뜻과 마음과 사역이 한 분처럼 완전한 일체를 이루신다.

1) 삼위의 상호 관계성

(1) 본질에 있어 동일하시다

- 삼위의 위격을 제1위 하나님, 제2위 예수님, 제3위 성령님이라고 해서 그 권능이나 영광에 차등이 있는 것은 아니다.

- 삼위는 본질적으로 지위에 차등이 없이 동등하시며, 성부와 성자와 성령이 동시에 함께 존재하신다.
  - ▶ 예수님이 아들이란 이름 때문에 아버지이신 하나님보다 열등하다는 것을 의미하지 않는다.
  - ▶ 예수님이 육신의 몸으로 세상에서 태어나셨다고 해서 하나님보다 늦게 존재하신다는 것이 아니다.
  - ▶ 성령님이 하나님과 예수님으로부터 나왔다고 해서 제일 늦게 존재했다고 말할 수 없다.

＊위격(位格)

삼위일체 신조에서 신성의 복수성을 표현하기 위해 쓰인 용어로 라틴어 '페르소나'(persona)에서 유래되었다. 페르소나는 원래 배우의 가면이나 역할을 의미하였는데, 나중에 그 뜻이 확대되어 삶에서의 인간의 역할 혹은 성품을 의미하게 되었다. 신학자 터툴리안은 삼위일체를 설명하기 위해 '하나의 본질에 세 위격'이라는 개념을 정립하였다.

(2) 삼위의 사역은 구분된다

- 삼위의 각위는 본질적으로 같지만 그 사역에는 차이가 있다.
  - ▶ 삼위 하나님의 사역에서 성부 하나님은 계획하시고, 성자 예수님은 하나님의 계획과 구원을 이루시고, 성령님은 하나님의 말씀대로 실행하는 일을 하신다.

(3) 서로 협력하신다

- 사역에 있어서 성부는 창조하시고, 성자는 구속하시고, 성령은 거룩케 하시는 하나님으로서 동시에 협력하신다.
  - ▶ 천지 창조에도 성부 하나님은 섭리하셨고, 성자 예수님은 말씀으로 역사하셨고, 성령께서는 수면을 운행하셨다.

- 성자 예수님이 침례 받을 때 성부는 하늘에서 말씀하셨고, 성령은 비둘기같이 임함으로 서로 협력하셨다(마 3:16~17).

(4) 서로 사랑의 관계를 지닌다

- 하나님은 삼위로 계시지만 한마음과 한뜻이 되어 서로 사랑의 관계를 가지신다.

- 삼위 하나님이 함께하신다는 것은 내적으로 완전하고도 절대적인 사랑의 결속 관계에 있

＊사역(使役)
보다 고상한 범주의 봉사, 즉 통치자를 위한 개인적인 섬김이나 하나님과 특별한 관계에 있는 사람들의 편에서 행해지는 예배 사역 등을 표현할 때 사용된다.

＊비둘기같이 임한 성령
평화와 순결을 상징하는 비둘기를 통해 성령이 주시는 평화와 온유와 순결을 상징한다. 예수님께서 침례를 받으시는 장면에서 성령이 강림하는 모습이 비둘기 같은 형체였다(눅 3:22).

다는 것을 보여 준다.

2) 삼위의 통일성

(1) 서로 함께하신다

• 성부, 성자, 성령이 하나라는 사실은 삼위의 하나님이 함께 거하시는 특별한 존재방식을 지니는 것을 의미한다.

▶ 성부가 성자 안에 거하시고 성자가 성부 안에 거하시기 때문에 성부의 사역은 동시에 성자의 사역이다.

▶ 성자가 성령 안에 거하시고 성령이 성자 안에 거하시기 때문에 성자의 사역은 동시에 성령의 사역이다.

▶ 성령이 성부 안에 거하시고 성부가 성령 안에 거하시기 때문에 성령의 사역은 동시에 성부의 사역이다.

(2) 한 하나님이시다

• 성부, 성자, 성령이 하나라는 것은 성부가 성자가 되고 성자가 성령이 되고 성령이 성부가 된다는 것을 의미하지 않는다.

• 한 하나님이라는 것은 성부, 성자, 성령이 상호 관계 가운데 '함께 존재함'(共在)을 의미한다.

＊존재방식(存在方式)
어떤 사람이나 사물이 존재하고 있는 상태를 말한다.

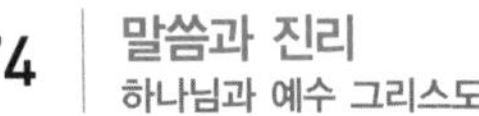

3. 삼위일체의 성경적 근거

기독교 삼위일체 교리는 매우 신비할 뿐 아니라, 이성(理性)으로는 이해할 수 없다. 삼위일체 교리는 이해하려고 할 것이 아니라 성경에 근거하여 믿음으로 받아들여야 한다. 하나님의 말씀인 신구약 성경에는 삼위일체에 관한 많은 증언이 있다.

1) 구약

구약성경은 하나님이 한 분이시라는 것을 강조하면서도 복수(複數)를 사용하고 있다. 구약성경은 영원 전부터 하나님이 서로 다른 독립된 인격을 지니시고 계시지만 서로 교제하고, 사랑하고, 협력하며 하나로 존재하셨음을 밝히고 있다.

구약에 나타난 삼위일체	의 미	관련 성구
엘로힘	• '하나님' 이란 히브리어 단어를 사용할 때, 단수 '엘로아' (Eloah)를 사용하지 않고 복수형 '엘로힘' (Elohim)을 사용하였다. • 태초 즉, 시간이 시작되기 전 영원 전에 삼위일체 하나님께서 함께 계셨으며 창조 사역에 동참하셨다.	"태초에 하나님이 천지를 창조하시니라 땅이 혼돈하고 공허하며 흑암이 깊음 위에 있고 하나님의 영은 수면 위에 운행하시니라"(창 1:1~2)
우리	• 하나님은 인간을 창조하실 때 '우리' 라는 복수 하나님을 사용하셨다. • 아담과 하와가 선악을 아는 일에 하나님과 같이 되었다고 표현할 때 '우리' 라는 말을 사용하셨다. • 바벨탑 사건에서 언어를 혼잡케 하시는 하나님께서 '우리' 라고 말씀하셨다.	"우리의 형상을 따라 우리의 모양대로 우리가 사람을 만들고"(창 1:26) "이 사람이 선악을 아는 일에 우리 중 하나 같이 되었으니"(창 3:22) "우리가 내려가서 거기서 그들의 언어를 혼잡하게 하여"(창 11:7)
야훼의 사자	• 창세기에는 천사가 사람의 모양으로 나타나는 경우가 있는데, 그것은 삼위 하나님께서 다양하게 나타나신 것으로 생각할 수 있다. • 구약에서 흔히 나타나는 '야훼의 사자' 는 성육신하기 이전의 '로고스 하나님' (예수 그리스도)을 가리킨다. • '야훼의 사자' 로서 성육신 이전의 '로고스이신 하나님' 은 여러 사람에게 나타나셨다.	① 하갈(창 16:7~14) ② 아브라함(창 18:1~21, 22:11~18) ③ 야곱(창 28:10~15) ④ 모세(출 3:2~5) ⑤ 이스라엘 민족(출 14:19) ⑥ 발람(민 22:21~35) ⑦ 기드온(삿 6:11~24) ⑧ 마노아(삿 13:2~25) ⑨ 다윗(대상 21:15~17) ⑩ 엘리야(왕상 19:5~7) ⑪ 스가랴(슥 1:11) ⑫ 여호수아(슥 3:1~10)

삼성송 (三聖頌)	• 이사야는 이사야 48장 16절에서 '삼위'의 명백한 표현을 말하고 있다. • 성경에서 하나님을 찬양할 때 나타나는 삼성송(三聖頌)은 삼위일체를 의미한다(사 6:3; 계 4:8). • 아론의 축도에서 삼위일체 하나님의 모습을 보여 주고 있다(민 6:24~26).	"주 야훼(성부)께서 나(성자)와 그의 영(성령)을 보내셨느니라"(사 48:16) "서로 불러 이르되 거룩하다 거룩하다 거룩하다 만군의 야훼여 그의 영광이 온 땅에 충만하도다 하더라"(사 6:3) "야훼는 네게 복을 주시고 너를 지키시기를 원하며 야훼는 그의 얼굴을 네게 비추사 은혜 베푸시기를 원하며 야훼는 그 얼굴을 네게로 향하여 드사"(민 6:24~26)

2) 신약

삼위일체 교리는 예수님께서 부활하시고 승천하신 후 오순절 성령 강림 사건 이후에 더욱 선명하게 나타난다.

예수님께서는 모든 성경이 자신을 계시하고 있음을 분명히 밝히셨고(요 5:39), 다른 보혜사께서 이 모든 것을 생각나게 하실 것을 말씀하셨다(요 14:16,26). 사도들이 복음을 전파하며 서신을 기록하기 시작할 때, 그들은 예수님이 하나님이시며, 성령님도 하나님이시라고 증거하셨다.

*** 요한복음 5:39**
"너희가 성경에서 영생을 얻는 줄 생각하고 성경을 연구하거니와 이 성경이 곧 내게 대하여 증언하는 것이니라"

신약에 나타난 삼위일체	의 미	관련 성구
예수님의 침례 시	• 예수님께서 침례를 받으실 때 삼위일체 하나님께서 동시에 나타나셨다. • 예수님(성자)께서 침례를 받으시고 물에서 올라오셨을 때, 성령님께서는 비둘기 모양으로 예수님 위에 임하셨으며, 하늘로부터 내 사랑하는 아들이라는 성부 하나님의 음성이 동시에 있었다.	"예수께서 침례를 받으시고 곧 물에서 올라오실새 하늘이 열리고 하나님의 성령이 비둘기 같이 내려 자기 위에 임하심을 보시더니 하늘로부터 소리가 있어 말씀하시되 이는 내 사랑하는 아들이요 내 기뻐하는 자라 하시니라"(마 3:16~17)
최후의 명령	• 선교의 지상명령이라고 하는 예수님의 마지막 말씀에서 삼위일체 하나님이 뚜렷하게 나타난다. • 이 명령에서 '아버지와 아들과 성령'의 '이름들'이라고 기록하지 않고 단수형인 '이름'으로 기록한 것은 하나님께서 삼위일체이심을 증명한다.	"그러므로 너희는 가서 모든 민족을 제자로 삼아 아버지와 아들과 성령의 이름으로 침례를 베풀고 내가 너희에게 분부한 모든 것을 가르쳐 지키게 하라 볼지어다 내가 세상 끝날까지 너희와 항상 함께 있으리라 하시니라"(마 28:19~20)
성령의 은사	• 사도 바울은 성도들이 지닌 모든 은사와 그 활동은 삼위일체이신 하나님께로부터 나온 것임을 강조하고 있다. • 성부, 성자, 성령 하나님께서 하나의 목적을 위해 함께 일하신다는 것을 깨달을 수 있다.	"은사는 여러 가지나 성령은 같고 직임은 여러 가지나 주는 같으며 또 역사는 여러 가지나 모든 것을 모든 사람 가운데서 역사하시는 하나님은 같으니"(고전 12:4~6)
바울의 축도	• 사도 바울은 삼위일체 하나님의 이름으로 고린도교회 성도들에게 축도하였다. • 축도의 내용은 그리스도의 은혜로 교	"주 예수 그리스도의 은혜와 하나님의 사랑과 성령의 교

	회가 하나 되고 모든 문제가 해결함을 받도록, 또한 인간을 구원으로 인도하시는 하나님의 사랑하심과 그 구원을 지속시켜 주고 보호하시는 성령님의 교통하심이 성도들에게 임하기를 기원하고 있다.	통하심이 너희 무리와 함께 있을지어다"(고후 13:13)

4. 삼위일체 하나님의 역할

삼위의 하나님 가운데 성부는 창조자로, 성자는 중보자로, 성령은 실행자로 활동하신다. 그 역할을 수행함에 있어 성부와 성자와 성령은 서로 인정하고 서로 협력하신다. 성자는 성부(요 5:19)와 성령(요 14:26)을 증거하시고, 성령은 성자(요 15:26)를 증거하시며, 성부께서도 성자(마 3:17)를 증거하신다.

1) 창조자 – 성부

성부 하나님은 우주 만물을 창조하시고 주관하시며, 인간 구원을 계획하셨다. 하나님의 창조 사역에 성자와 성령도 함께 참여하셔서 서로 협력하셨다(창 1:1~3,26).

＊창세기 1:1~3
"태초에 하나님이 천지를 창조하시니라 땅이 혼돈하고 공허하며 흑암이 깊음 위에 있고 하나님의 영은 수면 위에 운행하시니라 하나님이 이르시되 빛이 있으라 하시니 빛이 있었고"

＊창세기 1:26
"하나님이 이르시되 우리의 형상을 따라 우리의 모양대로 우리가 사람을 만들고 그들로 바다의 물고기와 하늘의 새와 가축과 온 땅과 땅에 기는 모든 것을 다스리게 하자 하시고"

2) 중보자 – 성자

성자 예수님은 성육신하시고 십자가에 달려 돌아가심으로 인간을 위한 구원의 길을 이루셨다(행 13:39; 엡 2:13).

성자의 구속 행위에 있어 성부는 구속을 계획하시고(벧전 1:2; 롬 8:28), 성령은 성자의 구속 행위를 증거하심으로써(요 14:26; 롬 8:16~17), 서로 협력하신다. 성자의 사역은 하나님과 인간 사이 막힌 담을 허시고 하나 되게 하신 중보의 역할을 하신다(엡 2:14~16).

*** 사도행전 13:39**
"또 모세의 율법으로 너희가 의롭다 하심을 얻지 못하던 모든 일에도 이 사람을 힘입어 믿는 자마다 의롭다 하심을 얻는 이것이라"

*** 희생제물**
제사에서 희생으로 바쳐지는 제물로 번제물과 화목제의 희생을 의미한다.

삼위일체	구속 사역	관련 성구
성부 하나님	• 성부 하나님은 구속을 계획하시고 아들을 보내셨다(벧전 1:2; 롬 8:28).	"곧 창세 전에 그리스도 안에서 우리를 택하사 우리로 사랑 안에서 그 앞에 거룩하고 흠이 없게 하시려고"(엡 1:4)
성자 예수님	• 성자 예수님은 희생제물이 되셔서 구속을 이루셨다(행 13:39; 엡 2:13).	"우리는 그리스도 안에서 그의 은혜의 풍성함을 따라 그의 피로 말미암아 속량 곧 죄 사함을 받았느니라"(엡 1:7)
성령 하나님	• 성령 하나님은 성자 예수님이 행하신 일을 증거하신다(요 14:26; 롬 8:16~17).	"또한 성령이 우리에게 증언하시되 주께서 이르시되 그 날 후로는 그들과 맺을 언약이 이것이라 하시고 내 법을 그들의 마음에 두고 그들의 생각에 기록하리라"(히 10:15~16)

3) 실행자 – 성령

성령님은 성부와 성자의 보내심을 받아 하나님의 말씀을 영감으로 주시고(고전 2:13), 구원 사역을 위해 교회를 인도하시고 확장시키셨다(엡 1:22~23, 2:22). 성령님은 성도들의 마음을 성전으로 삼아 거하시면서(고전 3:16), 성도들로 하여금 거룩한 삶을 살게 하신다(벧전 1:2). 성부 하나님께서 제시하신 성결의 법(레 11:45; 벧전 1:16; 살전 4:3,7)과 성자 예수님께서 열어 놓으신 성결의 길(고전 1:30; 계 15:3~4)을 따라 성령님은 성결을 완성하신다(갈 5:16,24; 살후 2:13; 벧전 1:2). 또한 성결을 행함에 있어서 삼위의 하나님이 협력하신다.

5. 삼위일체에 대한 잘못된 견해들

삼위일체 하나님은 인간의 이성으로는 이해할 수 없는 신비로운 하나님이시기에 교회사적으로 수많은 이단이 생겨났다. 2천 년 교회사를 살펴보면 대표적인 삼위일체 이단들은 아래와 같이 5가지 사상으로 구분된다.

*** 고린도전서 2:13**
"우리가 이것을 말하거니와 사람의 지혜가 가르친 말로 아니하고 오직 성령께서 가르치신 것으로 하니 영적인 일은 영적인 것으로 분별하느니라"

*** 고린도전서 3:16**
"너희는 너희가 하나님의 성전인 것과 하나님의 성령이 너희 안에 계시는 것을 알지 못하느냐"

*** 레위기 11:45**
"나는 너희의 하나님이 되려고 너희를 애굽 땅에서 인도하여 낸 야훼라 내가 거룩하니 너희도 거룩할지어다"

*** 갈라디아서 5:16,24**
"내가 이르노니 너희는 성령을 따라 행하라 그리하면 육체의 욕심을 이루지 아니하리라 … 그리스도 예수의 사람들은 육체와 함께 그 정욕과 탐심을 십자가에 못 박았느니라"

*** 베드로전서 1:2**
"곧 하나님 아버지의 미리 아심을 따라 성령이 거룩하게 하심으로 순종함과 예수 그리스도의 피 뿌림을 얻기

1) 단일신론(양자설)

하나님을 삼위일체의 하나님이 아닌 오직 하나님 한 분만을 믿는 것으로 '모나키안주의자'라고 불린다. 이들은 유일하신 하나님을 지나치게 강조하다가 예수님의 신성을 제한하는 오류를 범한다. "예수님은 단순히 인간일 뿐인데 침례를 받고 난 후 성령이 임하심으로 하나님께서 그를 아들(양자)로 삼았다"고 주장한다. 이 주장은 예수님의 신성을 거부했다는 이유로 이단으로 정죄되었다. 성경은 예수님은 참 하나님이심을 분명히 밝히고 있다(사 9:6).

2) 성부수난설(양태론)

성부수난설을 처음 주장한 사람은 '사벨리우스'로서 그는 양태론을 통하여 삼위(三位) 하나님을 부정했다. 사벨리우스는 동일하신 하나님이 구약시대에는 성부로 나타났고, 신약시대에는 성자의 모습으로 나타났으며, 지금은 성령으로 나타나는 것뿐이라고 주장한다.

예수님께서 이 세상에서 활동하시는 동안 하나님은 천국에 계시지 않으셨을 뿐 아니라 십자가에서 고난당하시고 죽으신 것이 된다(성부수난설). 이러한 양태론적 주장은 성부와 성자가 본질상 하나라는 점을 지나치게 강조한 나머지 예수

위하여 택하심을 받은 자들에게 편지하노니 은혜와 평강이 너희에게 더욱 많을지어다"

＊모나키안주의 (Monarchianism)

A.D. 2~3세기에 발생한 이단 사상. 하나님의 단일성(단일신론)을 강조함으로써 삼위의 존재를 전면적으로 부정하였으며, 예수는 그의 침례 시 그리스도가 되었고 그의 죽음 이후에 성부 하나님에 의해 양자로 입양되었다는 양자설을 주장하였다.

＊사벨리우스(Sabellius)

북아프리카 출신 양태론파 신학자로서 성부 · 성자 · 성령이 하나의 위격에 대한 세 양태에 불과하다고 주장하였다. 이러한 주장은 정통파 '삼위일체 교리'에 대한 전면적인 부정으로 교황 카리스투스 1세에 의해 이단으로 정죄되어 파문당하였다.

님의 인성을 외면해 교회 회의에서 이단으로 정죄되었다.

사벨리우스 주장에 반하여 성경은 "하나님은 유일하신 하나님이며 그 안에 세 인격을 가지고 계시는 하나님이다"라고 증거하고 있다(요 16:14~15; 요일 5:20).

3) 종속설

종속설의 주창자는 '아리우스'로 그는 예수님의 신성을 부인하고 인성만을 강조했다. 시편 2편 7절 및 골로새서 1장 15절을 근거로 "예수님은 모든 피조물보다 먼저 지음을 받은 첫 피조물로서 하나님과 본질적으로 같은 존재가 아니다"라고 주장하였다. 이러한 주장은 예수님이 하나님에게 종속되었다는 논리이다.

이에 대해 성경은 성부, 성자, 성령은 그의 영광과 본질에 있어서 동일하신 하나님이심을 분명히 밝히고 있다(빌 2:6). 즉, 예수님은 하나님께 지음을 받지도 않으셨으며 결코 하나님께 종속된 존재가 아니시다.

4) 반(半)종속설

반종속설을 주장하는 자들을 '반(半)아리안주의자들'이라고 부르는데, 이들은 "예수님은 하

＊아리우스(Arius)
리비아 출신의 알렉산드리아 사제로 4세기 기독교 이단 사상인 아리우스주의의 주창자이다.

＊빌립보서 2:6
"그는 근본 하나님의 본체시나 하나님과 동등됨을 취할 것으로 여기지 아니하시고"

나님과 본질적으로 비슷하지만 하나님께 종속되어 있다"고 주장한다. 예수님은 하나님과 동일하시다고 하는 정통교리와 예수님은 하나님과 달리 피조물이며 신성(神性)이 없다는 종속설(아리안주의)의 중간 입장을 취한다. 즉, 예수님이 하나님보다 낮은 위치에 있다고 주장한다.

이들의 주장과는 달리 성경은 예수님은 모든 면에서 '하나님과 동일한 분'이심을 밝히고 있다(요 5:21~23).

5) 성령 이단설

성령 이단설을 주장한 자들을 '마케도니안주의자' 또는 '성령 훼방파'라고 부른다. 성령님은 인격을 가지신 하나님이 아니라 단지 어떤 능력이나 도덕적 감화력 등 물리적인 에너지에 불과한 피조물로 본다. 이러한 주장은 성령님의 신성과 인격성을 부정하므로, 성령님을 다른 두 위(성부, 성자)보다 열등한 위(位)로 보는 잘못을 범하고 있다.

이에 대해 성경은 성령님은 아버지(성부)와 아들(성자)과 동등한 위치에 계시며 지정의(知情意)를 가지고 계시는 인격적인 분이심을 분명히 밝히고 있다(고전 2:11; 요 16:8,13).

*** 요한복음 5:21~23**

"아버지께서 죽은 자들을 일으켜 살리심 같이 아들도 자기가 원하는 자들을 살리느니라 아버지께서 아무도 심판하지 아니하시고 심판을 다 아들에게 맡기셨으니 이는 모든 사람으로 아버지를 공경하는 것 같이 아들을 공경하게 하려 하심이라 아들을 공경하지 아니하는 자는 그를 보내신 아버지도 공경하지 아니하느니라"

*** 마케도니안**

초대교회 시대 마케도니안주의, 성령 훼방파라 불리는 이단으로 성령을 신적 인격으로 이해하지 않고, 에너지, 능력 등으로 이해하였다.

6) 정통 입장

삼위일체 하나님을 잘못 이해하면 '하나님은 세 분의 하나님으로 존재한다' 고 하는 다신론이 된다. 이에 대해 성경은 하나님의 유일성을 강조하고 있다(신 4:35; 막 12:29; 고전 8:4). 그러나 하나님의 단일성을 지나치게 강조하다 보면 예수님과 성령님의 인격과 특성을 무시하는 일신론으로 빠지게 된다.

삼위일체의 하나님은 각각 구별되는 위격을 가지고 계시며 피차 상호 관계성과 통일성을 유지하고 계신다. 이러한 삼위일체의 신비한 교리는 인간이 논리적인 입장에서 고안해 낸 것이 아니라 성경에 분명히 계시된 바른 교리이다.

＊신명기 4:35
"이것을 네게 나타내심은 야훼는 하나님이시요 그 외에는 다른 신이 없음을 네게 알게 하려 하심이니라"

6. 순복음 신앙과 삼위일체 하나님

순복음의 삼위일체론은 구원론적이며, 성경적이며, 실천적인 특징을 지닌다. 순복음 신앙은 '좋으신 하나님', '구속자 예수 그리스도', '보혜사 성령님' 에 대한 이해와 믿음이 조화를 이루는 건전한 성경적 신앙이다.

1) 좋으신 하나님

좋으신 하나님은 그의 독생자 예수 그리스도를 이 땅에 보내시어 십자가에 못 박혀 돌아가게 하시고 부활하게 하심으로 인간을 구원하셨다는 사실에 근거한다. 성부 하나님이 좋으신 하나님이신 것은 그가 그 아들을 성도에게 보내주셨기 때문이며, 아버지의 보내신 자 예수 그리스도를 통해서만이 성도들은 좋으신 하나님을 만날 수 있다.

2) 구속자 예수님

순복음 신앙은 모든 성경 말씀이 예수 그리스도를 증거하고 있다는 믿음의 토대 위에 서 있다. 예수 그리스도를 통해 전인구원의 놀라운 은혜를 알게 된다고 고백한다. 예수 그리스도의 구속 사역을 통해 좋으신 하나님과 보혜사 성령의 사역을 설명한다.

3) 보혜사 성령님

성령님은 성도로 하여금 좋으신 하나님을 만나게 하며, 예수 그리스도를 드러내고 증거하며 예수님께서 행하신 모든 것을 생각나게 하시고 가르치신다. 성도들은 성령의 사역을 통해 성자

＊보혜사 성령님

예수님께서는 성령님을 보혜사(保惠師)라고 부르셨다(요 16:7). 보혜사란 말은 헬라어 '파라클레토스'에서 유래하였는데, 이 말은 '옆에서 도와주는 자'라는 뜻을 지닌다. 성령님은 성도들에게 돕는자, 위로자, 교사, 대언자의 역할을 하신다.

에게로 인도되며 성자를 통해서 좋으신 하나님을 만나게 된다.

GOD
AND
JESUS

5과

하나님의 주권
: 작정, 예정, 창조, 섭리

1. 하나님의 작정
   1) 작정의 의미
   2) 작정의 목적
   3) 작정의 내용
   4) 작정의 특성

2. 하나님의 예정
   1) 예정의 의미
   2) 예정의 목적
   3) 예정의 주체
   4) 예정의 대상
   5) 인간의 구속과 예정

3. 하나님의 창조
   1) 창조의 의미
   2) 창조의 목적
   3) 창조의 방법
   4) 창조의 내용

4. 하나님의 섭리
   1) 섭리의 의미
   2) 섭리의 목적
   3) 섭리의 대상
   4) 섭리의 방법
   5) 섭리의 특징
   6) 섭리의 양상

GOD AND JESUS

5과 하나님의 주권
: 작정, 예정, 창조, 섭리

1. 하나님의 작정(作定)

1) 작정의 의미

'작정'이란 하나님께서 앞으로 있게 될 모든 일을 결정하는 '하나님의 계획'을 뜻한다. 작정은 하나님의 지혜와 뜻에 의해 이루어진다(엡 1:11).

하나님은 자신의 의도 가운데 계획을 수립하시고 그것을 구체적으로 성취해 가신다(사 14:24, 27). 작정은 장차 일어날 모든 일을 포함한다.

2) 작정의 목적

작정의 일차적인 목적은 하나님의 영광이다. 하나님은 자신의 계획과 뜻 가운데 작정하신 일들을 통해 영광을 받으신다(롬 11:36; 사 48:11; 시 19:1). 이러한 하나님의 작정에는 피조물의 행복 증진이 포함된다(행 14:17). 하나님께서 성도를 성

＊에베소서 1:11
"모든 일을 그의 뜻의 결정대로 일하시는 이의 계획을 따라 우리가 예정을 입어 그 안에서 기업이 되었으니"

＊작정(作定)과 예정(豫定)의 차이
하나님은 우주만물을 자신의 선하신 뜻과 온전하신 계획에 따라 다스려 나가신다. 하나님의 계획은 '작정'과 '예정'으로 구분되는데, 그 차이점은 다음과 같다.
① 작정: 모든 우주 만물 가운데 적용되는 하나님의 일반적인 계획이다.
② 예정: 인간의 구원에 관계된 하나님의 계획을 말한다. 작정은 포괄적이고 보편적이며, 예정은 한정적이고 특수적이다.

결케 하기 위해서 십자가의 구원과 성령의 사역을 작정하셨다(엡 5:25~27; 레 11:44; 벧전 1:2).

3) 작정의 내용

하나님께서는 자연 및 물질 세계의 영역에서 일어날 모든 일을 작정하신다(사 14:24,27; 엡 1:11). 그뿐만 아니라 영적 및 도덕적 세계에서 일어날 모든 일과 인간의 '구원'을 작정하신다(시 2:6; 고전 2:7; 엡 3:10~11; 딤후 1:9). 하나님께서는 인간 세계에서 일어날 모든 일을 작정하신다. 인간의 역사와 제도 가운데 자신의 계획을 세우고 이를 이루어 가신다.

4) 작정의 특성

하나님께서는 무한하시고 완전한 '지혜'로 앞으로 일어날 일들을 작정하신다(시 104:24; 잠 3:19; 렘 10:12). 하나님께서는 시간이 만들어지기 이전부터, 역사의 과정에서 영원까지 작정하신다(벧전 1:20; 고전 2:7; 엡 3:11).

하나님의 작정은 쉽게 변경하거나 포기하는 사람의 계획과는 달리 자신의 계획에 변함이 없으시다(욥 23:13~14; 시 33:11; 사 46:10; 눅 22:22; 행 2:23). 하나님께서 모든 것을 작정하신다는 것을 우리가 인식할 때 우리는 하나님을 더욱 믿고 신뢰하

*** 고린도전서 2:7**
"오직 은밀한 가운데 있는 하나님의 지혜를 말하는 것으로서 곧 감추어졌던 것인데 하나님이 우리의 영광을 위하여 만세 전에 미리 정하신 것이라"

*** 시편 104:24**
"야훼여 주께서 하신 일이 어찌 그리 많은지요 주께서 지혜로 그들을 다 지으셨으니 주께서 지으신 것들이 땅에 가득하니이다"

*** 베드로전서 1:20**
"그는 창세 전부터 미리 알린 바 되신 이나 이 말세에 너희를 위하여 나타내신 바 되었으니"

게 된다(잠 3:6, 16:33).

2. 하나님의 예정(豫定)

1) 예정의 의미

모든 이성적 피조물(이성을 가진 인격적 존재)과 관련하여 '하나님께서 미리 정하신 특별한 계획'을 말한다. 하나님께서는 인간을 구원하시기로 만세 전에 예정하시고 특별한 계획을 세우셨다.

2) 예정의 목적

예정의 목적도 하나님의 영광에서 비롯된다. 하나님께서는 절대주권을 통해 인간을 구원하심으로써 하나님 자신의 영광을 드러내신다. 인간 구원이 하나님께 영광이 되는 것은 구원이 인간의 어떤 조건에 의해서 이루어지는 것이 아니라 하나님의 절대적인 주권에 의해 이루어지기 때문이다(시 149:4~9; 엡 1:6; 계 19:1~2).

3) 예정의 주체

예정의 주체는 성부 하나님이시다(엡 1:3~5; 요 17:6; 롬 8:29). 성자와 성령은 이러한 성부 하나님

*** 잠언 16:33**
"제비는 사람이 뽑으나 모든 일을 작정하기는 야훼께 있느니라"

*** 주체(主體)**
어떤 일에 적극적으로 나서서 그 일을 주도해 나가는 것을 말한다

의 예정 사역에 동참하신다.

4) 예정의 대상

작정의 대상은 온 우주 만물과 피조물 전체를 대상으로 하지만, 예정의 대상은 피조물 중 이성적 존재에 국한된다. 모든 인간, 모든 천사, 악의 세력을 포함하는 사탄까지도 하나님의 예정의 대상이 된다(막 8:38; 눅 9:26; 딤전 5:21). 예수 그리스도는 본성적으로 예정의 주체이시지만(요 13:18, 15:16,19), 육신을 입고 이 세상에 오심으로써 예정의 대상도 되신다(빌 2:6~8; 벧전 1:20, 2:4).

5) 인간의 구속(救贖)과 예정

하나님께서는 인간을 창조하시기 전에 이미 인간이 죄로 인해 타락할 것을 알고 계셨다(엡 1:3~5). 그러므로 하나님께서는 창세 전에 이미 예수 그리스도를 통한 인간 구속의 계획을 예정하셨다(엡 3:11; 살후 2:13). 인간 구속에 대한 하나님의 예정은 다음과 같은 순서에 의해 진행된다(롬 8:29~30).

(1) 구속할 자를 예정하심

- 하나님께서는 창세 전에 구속할 자를 미리 예정하셨다(롬 8:29).

*** 대상(對象)**
어떤 일의 상대 또는 목표나 표적이 되는 것을 뜻함.

*** 에베소서 1:3~5**
"찬송하리로다 하나님 곧 우리 주 예수 그리스도의 아버지께서 그리스도 안에서 하늘에 속한 모든 신령한 복을 우리에게 주시되 곧 창세 전에 그리스도 안에서 우리를 택하사 우리로 사랑 안에서 그 앞에 거룩하고 흠이 없게 하시려고 그 기쁘신 뜻대로 우리를 예정하사 예수 그리스도로 말미암아 자기의 아들들이 되게 하셨으니"

*** 구속(救贖)**
원래 상업적인 용어로 값을 지불하고 노예를 사는 것을 말한다(출 21:8). 성경에서 이 단어는 죄의 종이 된 인간을 예수 그리스도께서 그의 피로 값을 지불하시고 인간을 노예 상태에서 해방시키신 것을 의미한다.

• 하나님께서 구원할 자를 예정하신 것은 하나님 자신의 영광을 위하여 계획하신 것이다.

▶ 하나님께서 인간을 구원하시고자 한 것은 하나님의 주권이지 인간의 어떤 조건에 기인하는 것은 아니다(롬 9:10~13).

(2) 예정된 자를 부르심

• 하나님께서 구원하시고자 미리 정하신 모든 사람을 부르신다(롬 8:30).

▶ 하나님께서는 정하신 때에 예수 그리스도를 통해서 예정된 자들을 죄와 죽음에서 구원에 이르도록 부르신다(롬 11:7~8; 엡 1:10~11).

• 죄인이 회개를 통해 하나님께 돌아오게 되는 지적, 감정적, 의지적 결정을 하게 된다(마 4:17; 요일 1:9).

▶ 죄인이 예수 그리스도를 자신의 구원의 주로 믿고 영접하게 된다(요 1:12; 계 3:20).

(3) 의롭다 하심

• 하나님은 영원 전부터 선택된 모든 사람을 의롭다 하시기를 예정하셨다(롬 8:30; 갈 3:8; 벧전 1:2,19,20).

▶ 회개하여 믿음으로 거듭난 자들을 하나님께서는 의롭다고 칭하신다(롬 3:24, 4:5, 8:30; 갈 2:16).

＊로마서 8:29~30

"하나님이 미리 아신 자들을 또한 그 아들의 형상을 본받게 하기 위하여 미리 정하셨으니 이는 그로 많은 형제 중에서 맏아들이 되게 하려 하심이니라 또 미리 정하신 그들을 또한 부르시고 부르신 그들을 또한 의롭다 하시고 의롭다 하신 그들을 또한 영화롭게 하셨느니라"

＊하나님의 영광(榮光)

하나님의 완전성, 탁월성, 임재를 표현하기 위해 특별히 사용되는 용어로, 하나님의 존재나 성품이 물리적인 현상을 통해 나타나는 현상을 의미한다(출 16:7, 24:15~18, 40:34~35; 왕상 8:11).

▶ 하나님께서 의롭다고 칭하신 것은 인간이 죄에서 완전히 벗어나 바르고 의로운 인간이라고 선포하는 하나님의 선언이다. 영접한 사람은 하나님의 자녀가 되는 권세를 받게 된다(요 1:12; 롬 8:15~17,29; 갈 4:6).

▶ 그리스도인은 이 세상에 있을 동안 성령님의 역사로 말씀을 통해 거룩해진다(벧전 1:2; 엡 5:26).

(4) 영화롭게 하심

- 하나님께서 구속한 자를 최종적으로 영화롭게 하신다(롬 8:30).

▶ 성도들이 죄와 사망의 세력으로부터 완전히 해방되어 구속의 완성에 이르게 된다.

▶ 성도가 죽는 순간 영혼의 성화가 완성되는 것에는 육체가 신령한 몸으로 부활되는 것이 포함된다(고전 15:21~23, 15:42~44; 빌 3:21).

3. 하나님의 창조(創造)

1) 창조의 의미

창조는 하나님께서 그의 능력과 지혜와 선하심을 나타내기 위하여 세계와 그 안에 있는 모든 것을 만드시는 행위를 말한다. 하나님께서는 어

*** 권세(權勢)**
권력과 세력을 아울러 이르는 말이다.

*** 고린도전서 15:21~23**
"사망이 한 사람으로 말미암았으니 죽은 자의 부활도 한 사람으로 말미암는도다 아담 안에서 모든 사람이 죽은 것 같이 그리스도 안에서 모든 사람이 삶을 얻으리라 그러나 각각 자기 차례대로 되리니 먼저는 첫 열매인 그리스도요 다음에는 그가 강림하실 때에 그리스도에게 속한 자요"

떤 것은 무로부터 창조하시지만(창 1:1~6), 어떤 것은 그 성질상 기존의 재료를 통해 창조하신다(창 2:7,19).

2) 창조의 목적

하나님께서 인간을 포함한 모든 피조물을 창조하신 목적은 피조물을 통해 친히 영광과 존귀를 받으시기 위함이다(계 4:11; 사 43:7,21). 하나님께서는 생명과 은혜와 축복을 주시기 위해서 인간과 만물을 창조하셨다(행 17:24~25). 모든 피조물의 존재 목적은 하나님의 영광을 선포하는 것에 있으므로(고전 10:31), 인간의 궁극적 행복은 세상과 자신을 지으신 좋으신 하나님을 예배하며 그분께 영광을 돌리며 사는 데에 있다.

3) 창조의 방법

"태초에 하나님이 천지를 창조하시니라"(창 1:1)에서 '태초'란 하나님의 영원한 시간 중에 한 부분으로, 이 태초가 바로 창조의 시작점이었다. 하나님은 아무 것도 없는 무(無)에서 말씀으로 천지와 온 우주 만물을 창조하셨다(창 1:1,3; 골 1:15~17).

*** 요한계시록 4:11**
"우리 주 하나님이여 영광과 존귀와 권능을 받으시는 것이 합당하오니 주께서 만물을 지으신지라 만물이 주의 뜻대로 있었고 또 지으심을 받았나이다 하더라"

*** 태초(太初)**
영원 전의 시간을 말하며 삼위일체 하나님이 존재한 바로 그 시점의 시간이다.

4) 창조의 내용

(1) 영적 세계의 창조

하나님은 영적 세계를 창조하셨다(시 148:2,5; 골 1:16). 영적 세계는 일반적으로 인간 창조 이전에 생겨났다고 추정되는데(창 1~2장; 욥 38:4,7), 우리 눈에 보이지 않는 영적 존재인 천군, 천사와 그 밖의 영물이 창조되었다(시 148:5).

① 천사들

- 천사는 인격적이며 도덕적인 존재로서 어떤 때는 사람의 모양으로 나타나기도 한다(창 18:2~19:22; 요 20:10~14).
  - ▶ 천사는 물질적 육체를 갖고 있지 않으며 수효가 많다(히 1:7; 계 5:11).
  - ▶ '천군'(눅 2:13), '정사와 권세와 능력과 주관자', '보좌들'(엡 1:21; 골 1:16) 등으로 다양하게 나타난다. '미가엘'(단 12:1; 살전 4:16), '가브리엘'(단 8:16; 눅 1:18~19), '그룹'(창 3:24; 겔 1:1~18), '스랍'(사 6:1~6) 등의 이름을 지닌 천사들도 있다.

- 천사들의 사역은 제한적이지만 아래와 같은 일들을 하는 것으로 추정된다.
  - ▶ 하나님을 예배하고 찬양하는 일을 한다(사 6:3; 단 7:9~10; 계 4:8, 5:9~12).

*** 미가엘**
하나님 편에 서서 전쟁을 수행하는 천사장이다(유 1:9).

*** 가브리엘**
하나님의 기쁜 뜻을 전달하는 역할을 하는 천사이다.

*** 그룹**
하나님의 권능과 위엄을 나타내며 하나님의 거룩성을 수호하는 천사이다. 에덴동산과 성막과 성전을 지키는 역할을 했다(삼상 4:4; 삼하 22:11).

*** 스랍**
하나님의 보좌 주위에서 하나님을 찬양하고 시중들며 하나님과 인간의 화목을 도모하는 역할을 하는 천사이다.

▶ 하나님의 뜻을 수행하는 일을 한다(시 103:20; 행 7:53; 갈 3:19).

▶ 하나님의 계시를 전달하는 일을 담당한다(단 10:10~15; 눅 1:11~38, 2:13~14).

▶ 성도들에 대한 봉사와 보호의 사역을 하기도 한다(히 1:14; 시 34:7, 91:11~12; 왕상 6:15~17; 마 18:10).

② 악한 영들

• 악한 영들은 타락한 천사들로 원래 선하게 지어졌으나 교만으로 인해 하나님의 통치를 반대하고 그의 백성을 해치는 일을 한다(벧후 2:4, 유 1:6).

▶ '사탄' 은 악한 영들의 우두머리로서 자신을 '광명의 천사로 가장' (고후 11:14)하여 강력한 힘을 가지고(살후 2:9) 하나님의 백성을 미혹한다(고후 4:4; 엡 6:12; 요 8:44).

• 사탄은 전지전능하지 못하며 유한한 피조물일 뿐이다(사 41:21~24, 왕하 6:16~17).

▶ 예수 그리스도께서는 그의 구속의 역사를 통해 사탄과 그의 사악한 군대를 정복하셨다(요 12:31; 골 2:15; 히 2:14).

▶ 그리스도의 재림의 날에 사탄은 완전히 멸망당하고 말 것이다(마 25:41; 살후 2:8; 계 20:10).

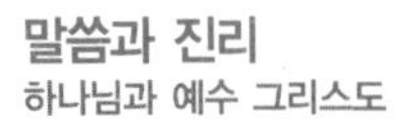

(2) 물질 세계의 창조

하나님께서는 물질 세계를 창조하셨다. 먼저 하늘 위의 세계를 창조하셨고(창 1:1~8), 이어 하늘 아래 세계를 창조하셨다(창 1:9~19). 각종 생물을 창조하셨으며(창 1:20~25), 마지막으로 사람을 창조하셨다(창 1:26~27, 2:4~7).

- 하나님께서 물질 세계를 창조하신 것은 창세기의 창조 사건에 잘 나타나 있다.
  - ▶ 제1일 : 우주공간과 빛의 창조(창 1:1~5)
  - ▶ 제2일 : 넓게 펼쳐진 궁창의 창조(창 1:6~8)
  - ▶ 제3일 : 바다와 땅과 식물의 창조(창 1:9~13)
  - ▶ 제4일 : 해, 달, 별들의 창조(창 1:14~19)
  - ▶ 제5일 : 물고기와 새의 창조(창 1:20~23)
  - ▶ 제6일 : 짐승과 사람의 창조(창 1:26~28)

4. 하나님의 섭리(攝理)

1) 섭리의 의미

하나님께서 창조하신 만물을 작정의 목적에 합당하게 유지하고 보전시키는 전 과정을 섭리라고 한다. 하나님께서는 섭리의 과정을 통하여 모든 피조물을 보존하시며, 모든 사건 속에 개입하시고, 모든 일을 자신의 작정과 계획대로 이끌

＊ 창세기 1:26~27
"하나님이 이르시되 우리의 형상을 따라 우리의 모양대로 우리가 사람을 만들고 그들로 바다의 물고기와 하늘의 새와 가축과 온 땅과 땅에 기는 모든 것을 다스리게 하자 하시고 하나님이 자기 형상 곧 하나님의 형상대로 사람을 창조하시되 남자와 여자를 창조하시고"

＊ 보전(保全)
온전하게 보호하여 유지함.

＊ 개입(介入)
어떤 일에 끼어들어 관련을 갖는 것.

어 가신다. 하나님의 섭리로 인하여 인간과 세계의 모든 일은 하나님의 뜻과 계획 가운데 진행되어 간다.

2) 섭리의 목적

섭리를 통하여 우주 만물을 주관하시는 것은 하나님 자신의 영광을 드러내기 위함이다(사 48:10~11). 사탄의 계획은 피조물을 죽이고 멸망시키는 것이지만, 하나님의 섭리는 피조물의 행복을 위한 것이다(요 10:10). 하나님의 섭리에 따라 구약의 이스라엘 백성이 택함을 받았고(출 19:5~6), 신약시대에 교회가 세워지고 그의 백성은 구원함을 받았다(사 43:1~3).

3) 섭리의 대상

하나님의 섭리의 대상에는 눈에 보이거나 보이지 않는 모든 피조물이 포함된다. 따라서 하나님의 섭리는 모든 생명체에 미친다. 하나님께서는 때를 따라 생명을 지닌 모든 것을 먹이시고 입히시며 인도하신다(시 104:27~29).

4) 섭리의 방법

인간은 하나님의 섭리의 모든 비밀을 이해할

수 없다(롬 11:34). 인간은 단지 하나님께서 계시해 주시는 방법에 의해 그의 섭리를 깨달을 수 있다.

하나님께서는 자연법칙을 통해 섭리하시며, 말씀을 통해 섭리하시며, 여러 다양한 수단을 사용하신다. 예를 들면 인간의 이성, 외적 환경, 꿈과 환상 등을 섭리에 사용하신다.

5) 섭리의 특징

(1) 보편적으로 섭리하신다

- 하나님의 섭리는 우주가 창조된 이후 지금까지 이루어져 왔으며, 앞으로도 계속될 것이다.

- 하나님의 섭리가 미치지 않는 장소나 때가 없다. 하나님께서는 만유 가운데 계시기 때문이다(히 1:3).

(2) 철저하게 섭리하신다

- 하나님은 이 세상의 아주 작은 것 하나도 남기지 않고 세부적으로 면밀하게 섭리하신다.
  ▶ 이것은 하나님의 섭리의 무한한 깊이를 말한다(마 6:26~30, 10:29).

(3) 주권적으로 섭리하신다

- 하나님은 자신의 주권적 의지에 따라 섭리하신다(롬 9:20~21).

* **로마서 11:34**
"누가 주의 마음을 알았느냐 누가 그의 모사가 되었느냐"

* **면밀(綿密)**
꼼꼼하여 빈틈이 없음.

▶ 하나님은 어떤 피조물의 영향도 받지 않으시고 오직 자신의 뜻에 따라 섭리하신다(신 32:39).

(4) 인간의 자유의지를 허용하신다

• 하나님은 인간이 자유의지를 사용하고자 할 때 그것을 막지 않고 허용하신다.

▶ 하나님은 주권적으로 섭리하시지만 인간의 자유의지를 무시하지 않으신다.

• 범죄의 결과는 심판이므로 하나님께서는 모든 인간이 자신의 뜻에 자발적으로 순종하기를 원하신다(욥 1:12).

6) 섭리의 양상

(1) 보존

• 하나님께서는 섭리 가운데 그의 피조물을 보존하신다.

• 하나님께서는 창조의 사역을 통해 자연의 질서를 세우시고 지속적으로 만물을 유지하시고 주관하신다(신 33:12; 삼상 2:9; 시 36:6; 고전 10:13).

• 하나님께서는 인간을 위해 풍성한 축복의 삶을 예비하셨다(창 22:12~18; 마 6:31~33; 고후 8:9).

＊양상(樣相)
어떤 일의 모양이나 상태를 말함

＊주관(主管)
어떤 일의 주가 되어 그 일을 책임지고 맡아 관리하는 것.

＊신명기 33:12
"베냐민에 대하여는 일렀으되 야훼의 사랑을 입은 자는 그 곁에 안전히 살리로다 야훼께서 그를 날이 마치도록 보호하시고 그를 자기 어깨 사이에 있게 하시리로다"

▶ 타락하여 죄 가운데 있는 인류에게 구원의 언약을 주시고 예수 그리스도를 통해 이를 성취하셨다.

▶ 하나님의 도우심이 없이는 아무것도 할 수 없는 인간들에게 능력을 주어서 보존하신다(행 17:28; 고전 12:6).

(2) 함께하심

• 하나님은 섭리 가운데 그의 피조물과 관계를 맺으시고 함께하시는 임마누엘의 하나님이시다(사 7:14, 8:8).

• 인간이 죄를 범함으로 형벌을 받게 되어도 하나님은 결코 인간과의 관계를 중단하지 않으셨다(창 3:9,21).

▶ 구약시대에 하나님은 이스라엘 백성에게 임재하시고 그들을 인도하셨다(시 139:7~8; 사 43:2).

▶ 신약시대부터 하나님은 예수 그리스도를 통해 인간과 항상 함께하고 계신다(마 28:20).

(3) 다스리심

• 하나님께서는 그의 섭리 안에서 자신의 피조물을 다스리신다.

▶ 하나님께서는 천체의 운행과 매일 변화하는 일기와 자연을 주관하신다(욥 38:12~35; 시

* 이사야 7:14

"그러므로 주께서 친히 징조를 너희에게 주실 것이라 보라 처녀가 잉태하여 아들을 낳을 것이요 그의 이름을 임마누엘이라 하리라"

104:14).

▶ 하나님께서는 생명이 있는 모든 동물과(욥 12:10; 시 104:21,28; 마 10:29), 모든 식물을 다스리신다(마 6:28).

• 하나님께서는 그의 능력으로 인류의 삶과 모든 역사에 관계하고 계신다(시 22:28, 66:7; 단 2:37~38; 롬 13:1).

＊욥기 12:10
"모든 생물의 생명과 모든 사람의 육신의 목숨이 다 그의 손에 있느니라"

GOD
AND
JESUS

6과

예수 그리스도
: 선재성, 성육신, 본성

1. 예수 그리스도의 선재성
   1) 선재성의 의미
   2) 선재성에 대한 성경의 증거

2. 예수 그리스도의 성육신
   1) 성육신의 의미
   2) 성육신에 대한 견해
   3) 성육신에 대한 약속의 말씀
   4) 성육신의 필요성
   5) 성육신의 특징
   6) 성육신의 결과

3. 예수 그리스도의 본성
   1) 예수 그리스도의 신성
   2) 예수 그리스도의 인성
   3) 예수 그리스도의 양성

GOD AND JESUS

6과 예수 그리스도 : 선재성, 성육신, 본성

1. 예수 그리스도의 선재성(先在性)

1) 선재성의 의미

예수 그리스도께서 선재하셨다는 것은 육신을 입고 이 땅에 오시기 전부터 이미 계셨던(선재하신) 영원하신 분이신 것을 의미한다(창 1:1; 요 1:1). 예수 그리스도는 하늘에서 내려오신 분으로(요 6:38), 아브라함보다 먼저 계신 분이시며(요 8:58), 창세 전부터 아버지 하나님과 함께 영광 가운데 계셨던 분이시다(요 17:5).

예수 그리스도는 만세 전부터 계신 하나님이시며(미 5:2), 영존하시는 아버지이시다(사 9:6). 하나님의 아들이신 예수 그리스도는 영원하신 하나님으로서 '알파와 오메가'가 되시며, '처음과 나중'이 되시고, '시작과 끝'이 되신다(계 1:8).

＊선재성(先在性)
하나님의 아들 예수 그리스도께서 육신의 몸을 입고 이 세상에 오시기 전, 즉 영원 전부터 존재하고 계신 분임을 의미한다.

＊요한복음 1:1
"태초에 말씀이 계시니라 이 말씀이 하나님과 함께 계셨으니 이 말씀은 곧 하나님이시니라"

＊알파
그리스 문자의 첫째 자모인 'A/α'로, 시작이나 맨 처음을 이를 때 사용한다.

＊오메가
맨 끝을 이르는 말이다.

＊호렙 산
(Mountain of the Horeb)
모세가 하나님으로부터 율법을 받은 시내 산을 말한다.

2) 선재성에 대한 성경의 증거

(1) 구약성경에 증거된 그리스도

• 구약에 나타난 여러 사건을 통해 볼 때 예수 그리스도는 성육신 전부터 선재하셨음을 알 수 있다.

• 구약에서 그리스도는 여러 사람에게 다양한 모습으로 나타나셨다.

＊풀무불
돌이나 진흙으로 만든 도가니, 쇠로 만들어져서 금속 등을 용해하여 제련하는 용광로의 불을 말한다.

＊세 청년
다니엘의 친구로 사드락, 메삭, 아벳느고를 말한다.

선재하신 예수님을 대면한 사람들	예수님의 나타나신 모습과 활동	관련 성구
하갈	'야훼의 사자'로 나타나 아들을 줄 것을 약속하심	창 16:7~14
아브라함	야훼께서 사람으로 나타나 자녀가 있을 것을 예언하심	창 21:1~3
야곱	어떤 사람(천사)으로 나타나 얍복 강에서 씨름하심	창 28:13, 32:24~32, 48:16
모세	호렙 산에서 떨기나무 불꽃 가운데 '야훼의 사자'로 나타나심	출 3:2, 23:20, 33:18~23
여호수아	전쟁 중 여리고에서 '야훼의 군대장관'으로 나타나심	수 5:13~15
기드온	'야훼의 사자'가 미디안 군대를 치고자 할 때 나타나심	삿 6:11~24
삼손의 부모	'하나님의 사자'가 삼손의 탄생을 알림	삿 13:8~14
이사야	선지자로 부르시는 '야훼'로 나타나심	사 6:1~13
풀무불 속의 세 청년	세 청년을 보호하기 위하여 '신의 아들'로 나타나심	단 3:24~25
다니엘	'천사'로 나타나 사자굴 속에서 살리심	단 6:21~22, 7:9~14

(2) 신약성경에 증거된 그리스도

• 신약에는 예수 그리스도께서 이미 이 땅에 오셨음에도 불구하고 그 이전에 선재하셨음을 증거하고 있다.

선재하신 예수님에 대해 증거한 사람들	예수님의 나타나심에 대한 내용	관련 성구
침례 요한	'내 뒤에 오시는 이'가 자신보다 크다고 가르침	요 1:15,29~30
사도 요한	태초에 있던 말씀이 '하나님'이라고 가르침	요 1:1~3; 요일 5:20; 계 1:8
사도 바울	출애굽 사건에서 신령한 물을 낸 '반석'이라고 가르침	고전 10:1~4; 빌 2:6; 골 1:17
히브리서의 기자	천지 창조가 '주'의 손이라고 함	히 1:10~12, 13:8
예수 그리스도	아브라함이 나기 전에 '자신'이 있었다고 함	요 6:38, 8:58, 17:5,24

(3) 선재하신 그리스도의 창조 사역

• 예수님께서는 창세 전부터 아버지 하나님과 함께 계셨다.

▶ 선재하신 그리스도는 하나님의 창조 사역에 동참하셨다.

• 성경에는 선재하신 예수 그리스도의 창조 사역에 대한 여러 증언이 있다.

성경	성경의 내용
창세기	• 천지 창조 사역은 복수형 명사인 '엘로힘'(Elohim)으로 지칭된 하나님에 의해 진행된 것으로 보아 삼위일체 하나님, 즉 선재하신 그리스도께서 사역에 참여하셨음을 보여 준다(창 1:1). • 인간의 창조 시에 성경은 "우리의 형상을 따라 우리의 모양대로 우리가 사람을 만들자"라고 기록함으로써 삼위일체 하나님, 즉 선재하신 그리스도께서 창조 사역에 함께하셨음을 암시한다(창 1:26).
잠 언	• 잠언은 "내가 그 곁에 있어서 창조자가 되어 날마다 그의 기뻐하신 바가 되었으며 항상 그 앞에서 즐거워하였으며"(잠 8:30)라고 기록하고 있다. 여기에 언급된 '내가'란 바로 예수 그리스도로 해석된다.
요한복음	• 요한복음에는 "그가 태초에 하나님과 함께 계셨고 만물이 그로 말미암아 지은 바 되었으니 지은 것이 하나도 그가 없이는 된 것이 없느니라"(요 1:2~3)고 기록한다. 여기서 '그'는 바로 선재하신 예수 그리스도를 가리킨다.
빌립보서	• 예수 그리스도께서는 만세 전부터 계시며 하나님과 함께하신 "그는 근본 하나님의 본체시나 하나님과 동등됨을 취할 것으로 여기지 아니하시고"(빌 2:6)라고 하여 그리스도의 선재성을 명백하게 증거하고 있다.
골로새서	• 그리스도께서 우주 만물의 창조주이시며 그 가운데 섭리하시고 관리하신 분이시며, 무엇보다 창조의 목적이 되신다는 사실을 기록하고 있다(골 1:16~17).

2. 예수 그리스도의 성육신 (成肉身)

1) 성육신의 의미

'성육신'이란 하나님께서 육체를 지니신 인간이 되신 것을 의미한다. 하나님의 본체이신 그리스도께서 죄로 죽을 수밖에 없는 인간을 구원하시기 위해 인간의 몸을 입으시고 이 땅에 오셨다. 그리스도의 성육신과 비하(卑下)는 인류를 구원할 수 있는 유일한 길이었다.

2) 성육신에 대한 견해

(1) 잘못된 견해

- 예수 그리스도의 신성을 부정한다.
  - ▶ 인성을 지닌 예수 그리스도의 선재성은 인정하나 신성을 부정한다.

- 예수 그리스도의 인성을 부정한다.

- 예수 그리스도 안에 두 개의 위격이 있다.

- 두 본성(인성과 신성)이 합하여 완전히 다른 제3의 본성(신도 인간도 아닌 성질)을 이룬다.

*** 비하(卑下)**
스스로 낮추는 것을 말하며, 예수 그리스도가 인간의 몸을 입어 피조물과 같이 되어 자신을 낮추신 것을 의미한다.

*** 위격(位格)**
삼위일체 신조에서 신성의 복수성을 표현하기 위해 쓰인 용어로 라틴어 '페르소나'(persona)에서 유래되었다. 페르소나는 원래 배우의 가면이나 역할을 의미하였는데, 나중에 그 뜻이 확대되어 삶에서의 인간의 역할 혹은 성품을 의미하게 되었다. 신학자 터툴리안은 삼위일체를 설명하기 위해 '하나의 본질에 세 위격'이라는 개념을 정립하였다.

(2) 올바른 견해

- 예수 그리스도는 하나의 위격 안에 두 본성(인성과 신성)이 동시에 존재한다. 이 양자는 각각 그 완전성을 유지하면서도 전체로 통합되어 있다.

- 인성과 신성은 분리되지 않고 하나로 연합되어 있기에 제3의 본성이 이루어질 수 없다.

＊ 미가(Micah)
구약 소선지서의 미가서를 기록한 선지자. 요담, 아하스, 히스기야 등 세명의 유다왕이 통치하는 기간 동안 활동했다.

＊ 엘리사벳(Elizabeth)
제사장 사가랴의 아내이며 침례 요한의 어머니로 예수님의 어머니 마리아와 친척이었다.

3) 성육신에 대한 약속의 말씀

- 성육신에 대해 성경에 언급된 말씀은 다음과 같다.

대 상	성육신의 내용	성 구
이사야에게 임함	처녀가 잉태하여 아들을 낳는다.	사 7:14, 9:6~7
미가에게 임함	이스라엘을 다스릴 자가 네게서 내게로 나온다.	미 5:2
마리아에게 임함	수태하여 아들을 낳는다.	눅 1:31,35
엘리사벳에게 임함	여자 중에 마리아와 태중의 아이가 복이 있다.	눅 1:42~43
요셉에게 임함	그에게 잉태된 자는 성령으로 된 것이다.	마 1:20~21

4) 성육신의 필요성

(1) 하나님의 특별 계시를 위함

- 예수 그리스도의 성육신을 통해 보이지 아니하시는 하나님께서 자신을 인간에게 드러내셨다(요 1:14,18).

(2) 인간의 타락으로 인한 죄를 청산하기 위함

- 예수 그리스도께서 하늘 보좌를 버리시고 이 땅에 오셔서 죽기까지 복종하셨다(빌 2:6~8; 히 2:9).
  - ▶ 인간의 죄를 대속하기 위해 십자가에서 대속제물이 되셨다(마 1:21; 막 10:45; 고후 5:1).

- 예수 그리스도를 통해 인간과 하나님의 원수된 관계가 회복되었다(고후 5:19).

(3) 하나님의 사랑을 드러내기 위함

- 세상에 대한 하나님의 지극하신 사랑이 예수 그리스도를 통해 나타난다(요 3:16).

- 인간을 구원하시고자 하는 하나님의 사랑이 예수 그리스도를 통해 나타난다(요일 4:9~10).

＊빌립보서 2:6~8
"그는 근본 하나님의 본체시나 하나님과 동등됨을 취할 것으로 여기지 아니하시고 오히려 자기를 비워 종의 형체를 가지사 사람들과 같이 되셨고 사람의 모양으로 나타나사 자기를 낮추시고 죽기까지 복종하셨으니 곧 십자가에 죽으심이라"

5) 성육신의 특징

(1) 성령에 의한 잉태

- 예수 그리스도는 완전한 하나님이시며, 동시에 완전한 인간이시다(롬 1:3~4).

- 예수 그리스도는 인간과 똑같은 인성을 가지셨으나 성령으로 잉태되셨기에 원죄와는 상관이 없다(마 1:20; 고후 5:21; 히 9:14).
  - ▶ 예수 그리스도는 거룩하신 신성을 지니셨기에 인간의 자범죄와도 연관성이 전혀 없다(고후 5:21; 요일 3:5).

(2) 신성(神性)을 지니심

- 예수 그리스도는 하나님 자신이시며 하나님과 동일한 본체를 가지고 계신다(사 9:6; 빌 2:6~7).
  - ▶ 예수 그리스도는 인간을 구원하시기 위해 하늘 보좌를 버리시고 이 세상에 오신 하나님이시다(빌 2:6~7; 요 10:30).

(3) 인성(人性)을 지니심

- 예수 그리스도는 연약하고 한계를 지닌 인간의 몸을 입고 오셨다(요 1:14; 빌 2:6~8).

- 예수 그리스도는 보통 사람과 동일한 영혼과 육체를 지니셨다(눅 2:52; 마 26:38; 요 13:21).

＊원죄와 자범죄의 비교

① 원죄(原罪, original sin): 인류의 시조인 아담의 범죄로 인해 모든 사람이 지니게 된 죄.

② 자범죄(自犯罪, actual sin): 개인의 의지에 따른 자유로운 인격적 행위의 결과로 성립되는 죄.

＊요한복음 1:14

"말씀이 육신이 되어 우리 가운데 거하시매 우리가 그의 영광을 보니 아버지의 독생자의 영광이요 은혜와 진리가 충만하더라"

6) 성육신의 결과

거룩하신 하나님께서 인간의 몸을 입고 오셨기에 예수님은 완전하고 흠 없는 신성뿐만 아니라 진정한 인성도 함께 소유하게 되셨다. 죄가 없으신 예수 그리스도께서 십자가에서 죽으신 것은 본성적으로 죄인인 인간을 구원하기 위해서 였다. 죄와 저주를 온몸으로 담당하시기 위한 거룩한 희생이었다. 십자가에서 돌아가신 예수님이 죽음에서 부활하심으로써 성도들은 이제 영원한 하늘나라에 소망을 둘 수 있게 되었다.

3. 예수 그리스도의 본성(本性)

1) 예수 그리스도의 신성(神性)

(1) 영원하신 분이시다

- 예수 그리스도는 창세 전부터 선재하시고 또 영원토록 계시는 하나님의 아들이시다(요 1:1).
  - ▶ 영원토록 존재하실 영원한 하나님이시다(히 1:11; 계 1:8).

- 시간을 초월하여 계신 분이시다(출 3:14).

＊요한계시록 1:8
"주 하나님이 이르시되 나는 알파와 오메가라 이제도 있고 전에도 있었고 장차 올 자요 전능한 자라 하시더라"

(2) 불변하신 분이시다

- 어제나 오늘이나 영원토록 동일하시다(히 13:8).

- 수많은 시대가 지나도 여전히 연대가 다함이 없으신 분이시다(히 1:12).

(3) 무소부재하신 분이시다

- 우주 공간뿐만이 아니라 천지 어디에도 계시지 않는 곳이 없다(요 3:13).
  - ▶ 성도의 마음을 성전 삼아 그 안에 거하신다(고전 3:16).

- 시간의 어떤 제약도 없이 항상 함께 계신다(시 139:7~10; 마 18:20, 28:20).

(4) 전능하신 분이시다

- 온 역사의 처음과 나중을 주관하시는 '전능자'이시다(계 1:8).
  - ▶ 예수 그리스도는 그 능력의 말씀으로 만물을 붙드시는 분이시다(히 1:3).
  - ▶ 자연을 다스리시는 분이시다(마 8:26~27).

- 하나님으로부터 모든 권세를 부여받으신 분이시다(마 28:18).

＊**요한복음 3:13**
"하늘에서 내려온 자 곧 인자 외에는 하늘에 올라간 자가 없느니라"

(5) 전지하신 분이시다

- 우리의 모든 일을 다 아시는 분이시다(요 16:30, 21:17).
  - ▶ 인간 가운데 있는 것을 다 아시는 분이시다(눅 6:8; 요 1:48, 2:25).
  - ▶ 종말에 일어날 사건을 다 아신다(마 24:24~25).
- 하나님 아버지에 대해서도 아셨다(마 11:27).

＊요한복음 16:30
"우리가 지금에야 주께서 모든 것을 아시고 또 사람의 물음을 기다리시지 않는 줄 아나이다 이로써 하나님께로부터 나오심을 우리가 믿사옵나이다"

(6) 그리스도의 신성에 대한 성경의 증거자들은 다음과 같다

신성의 증거	신성의 내용	증거하는 구절
이사야	전능하신 하나님, 영존하시는 아버지	사 9:6
사도들	하나님	롬 9:5; 빌 2:6; 요일 5:20
	태초부터 계신 분	요 1:2
	창조주	요 1:3
히브리서 기자	천사보다 훨씬 뛰어나신 하나님의 아들	히 1:4~6
	땅과 하늘을 지으신 분	히 1:10
	영존하신 분	히 1:11
	변치 않으시는 분	히 1:12
	의로우신 분	히 1:9

예수님 자신	하늘에서 내려온 자	요 3:13
	나를 본 자는 아버지를 보았거늘	요 14:9
	나와 아버지는 하나	요 10:29~30
하나님	내 사랑하는 아들	마 3:17

2) 예수 그리스도의 인성(人性)

(1) 인간 가계와 가정을 지니신 분이셨다

- 육신의 조상을 가지셨다(마 1:1~7; 눅 3:23~28).
  - ▶ 부모인 요셉과 마리아 사이에서 가정에 속하셨다(마 1:18~25).

(2) 영, 혼, 육을 지니셨다

- 인간의 영(spirit)을 지니셨다(요 13:21).
- 인간의 혼(soul)을 지니셨다(마 26:38; 요 12:27).
- 인간의 육(body)을 지니셨다(히 10:10; 마 26:38).

(3) 성장 과정을 거치셨다

- 유아기를 겪으셨다(눅 2:40).
- 청소년기를 겪으셨다(눅 2:41~52).
- 공생애 사역을 시작하면서 침례를 받으셨다(마 3:16).

＊영존(永存)
영원히 존재함.

＊영(靈)
인간의 생명 속의 한 부분으로 하나님을 의식하고 관계하는 한 측면을 말한다.

＊혼(魂)
인간을 구성하고 있는 영과 육 외의 한 부분으로 이성과 감성의 근거, 정신적 요소를 일컫는다.

＊육(肉)
영에 대조되는 말로 사람의 육체를 말한다.

(4) 인간의 본능을 지니셨다

- 육체적인 욕구와 필요를 느끼셨다. 배고픔과 갈증과 육신적인 피로를 느끼셨다(마 4:2; 요 4:6~7).

- 인간적인 희노애락을 느끼셨다. 사람에 대한 동정의 마음을 지니셨으며, 슬퍼하시기도 하시고, 우시기도 하셨다(마 9:36; 막 14:33; 눅 19:41).

- 인간의 연약함에서 오는 유혹과 시험을 받으셨다(마 4:1~11; 히 2:18, 4:15).

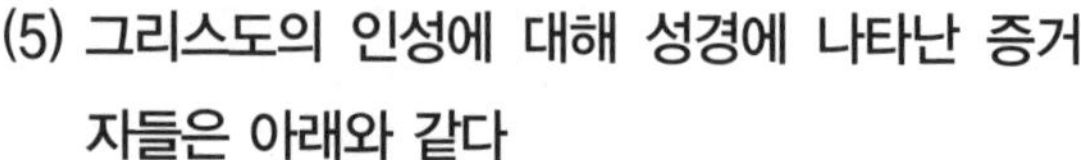

(5) 그리스도의 인성에 대해 성경에 나타난 증거자들은 아래와 같다

인성의 증거	인성의 내용	증거하는 구절
무리들	사람	마 9:8
사도들	사람	마 8:27
	종의 형체를 가지신 분	빌 2:7
	고난의 본을 보이심	벧전 2:21
히브리서 기자	혈과 육을 함께 지니심	히 2:14
	시험을 받으신 분	히 4:15
예수님 자신	스스로 사람이라 하심	요 8:40
	언약의 피	마 26:28
하나님	여인의 후손	창 3:15

3) 예수 그리스도의 양성(兩性)

예수 그리스도는 완전한 하나님이자 완전한 사람으로 신성과 인성의 양성을 한 몸에 지니신 분이시다. 그리스도에 대한 신인 양성의 교리는 인간의 이성으로 온전히 이해하기 어려운 신비의 영역으로 신앙의 눈으로 바라보아야 한다. 예수님은 죽은 자를 살리시고, 기적을 베푸실 때에도 여전히 사람이셨고, 갈증을 느끼시고 통곡하시고 아파하실 때에도 언제나 하나님이셨다.

(1) 신인 양성을 지니신 결과

- 예수님께서 인성을 지니심으로 인간이 받아야 할 죄의 형벌을 담당하실 수 있었다.
  - ▶ 예수 그리스도께서 인성을 지니심으로 인간이 받아야 할 죄의 형벌을 대속하시는 속죄제물이 되셨다(히 2:14~15, 9:22).

- 예수님께서 인성을 지니심으로 시험받은 자를 도우실 수 있다.
  - ▶ 예수 그리스도께서 신이 아닌 인간의 위치에 서서 비참한 상태에 있는 인간을 도울 수 있으셨다(히 2:17~18).

- 예수님께서 육신 안에 완전한 신성을 지니심으로 하나님의 율법을 완성하실 수 있었다.

＊속죄제물(贖罪祭物)
개인 또는 집단의 죄를 속하기 위하여 속죄에 사용되는 제물을 말하는데, 예수님은 인류의 죄를 속하기 위하여 대신 죽으신 속죄제물이 되셨다.

▶ 예수 그리스도는 하나님 앞에서 인간을 대표한 전능한 대제사장이 되신다.

▶ 예수 그리스도는 하나님 앞에 온전한 대제사장으로 영원한 속죄의 제사를 드릴 수 있으셨다.

▶ 예수 그리스도는 죄가 없으신 분이시기에 자신의 죄를 사하기 위한 제사를 드릴 필요가 없으셨다.

• 예수님께서는 신성을 지니심으로 인간을 하나님의 진노로부터 해방시킬 수 있으셨다.

▶ 예수 그리스도는 하나님 앞에서 인간을 대표한 전능한 대제사장이 되신다.

▶ 인간이 범죄함으로 말미암아 생긴 하나님의 진노는 인간의 어떤 행위와 노력으로 무마시킬 수 없었다.

▶ 하나님의 진노로부터 인간을 해방시키기 위해서는 중보자이신 그리스도는 참 인간이면서 또한 참 하나님이셔야 했다.

(2) 신성 또는 인성 중 한 가지만 있는 경우

• 신성만 있는 경우

▶ 우리를 대신하여 십자가에 달리실 수 없다. 하나님은 영이시기 때문이다.

• 인성만 있는 경우

＊대제사장(Chief Priest)

성막과 제사의 일을 담당했던 레위 지파와 제사장들 가운데 이스라엘 백성을 대표하고 제사에 관한 제반 사항을 지휘했던 제사장직의 최고위자이다.

예수님은 인간의 죄를 대속하기 위해 단번의 제사를 드린 대제사장이 되신다.

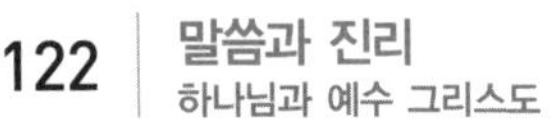

▶ 죄인이기 때문에 또 다른 죄인을 대속할 수 없다.

• 신성 또는 인성 중 한 가지만 있었을 경우

▶ 예수님께서는 우리의 구원자가 되지 못하시므로 신인 양성의 교리는 인간 구원을 위해 절대적으로 필요하며 합당한 교리이다(히 7:25~27).

＊히브리서 7:25~27

"그러므로 자기를 힘입어 하나님께 나아가는 자들을 온전히 구원하실 수 있으니 이는 그가 항상 살아 계셔서 그들을 위하여 간구하심이라 이러한 대제사장은 우리에게 합당하니 거룩하고 악이 없고 더러움이 없고 죄인에게서 떠나 계시고 하늘보다 높이 되신 이라 그는 저 대제사장들이 먼저 자기 죄를 위하고 다음에 백성의 죄를 위하여 날마다 제사 드리는 것과 같이 할 필요가 없으니 이는 그가 단번에 자기를 드려 이루셨음이라"

7과

예수 그리스도의 이름과 직무

1. 성경에 나타난 예수 그리스도의 이름
   1) 구약
   2) 신약

2. 예수 그리스도의 3대 직무
   1) 선지자의 직무
   2) 대제사장의 직무
   3) 왕의 직무

GOD AND JESUS

7과 예수 그리스도의 이름과 직무

1. 성경에 나타난 예수 그리스도의 이름

1) 구약

구약성경에 예수 그리스도를 예표하는 여러 이름이 나타난다. 이러한 이름들은 장차 오실 예수 그리스도의 직분과 사역들을 예표적으로 보여 준다.

(1) 메시아

- 메시아는 '기름부음을 받은 자'라는 뜻으로, 하나님께서는 특별한 사람에게 직임을 맡기시기 위해 성령으로 기름을 부으신다(삼상 16:13).

- 구약에서 '기름부음을 받은 자'는 선지자, 제사장, 왕으로 이들은 하나님의 특별한 임직을 받은 사람들이었으며 장차 오실 예수 그리스도의 예표라고 할 수 있다.

＊예표(豫表)
미리 알려주는 표징. 구약의 사건들은 하나님의 구원계획의 예시적 계시라는 측면에서 신약에 나타날 사건들의 그림자로 해석할 수 있다.

＊메시아(Messiah)
이 말은 '기름붓다'라는 히브리어에서 비롯된 것으로 특별한 사역을 위해 하나님의 기름부음을 받은 존재를 뜻한다.
메시아는 이스라엘 민족에 있어 고난 가운데서 해방시키는 구원자로 새로운 시대를 열어가는 하나님의 종으로 여겨졌다.

＊사무엘상 16:13
"사무엘이 기름 뿔병을 가져다가 그의 형제 중에서 그

▶ 선지자에게 기름을 부었다. 엘리야는 엘리사에게 기름을 붓고 하나님의 예언 사역을 감당하도록 했다(왕상 19:16).

▶ 제사장에게 기름을 부어 성별하고 직임을 맡겼다(출 28:41, 29:7).

▶ 왕이 취임할 때 기름을 부었다(삿 9:8; 삼상 16:12~13; 시 89:41).

• 구약의 메시아는 예수님의 오심을 통해 신약에서 성취되었다(요 1:41, 4:25).

(2) 야훼의 사자

• '야훼의 사자'는 예수 그리스도께서 이 세상에 오시기 전의 이름이다.

• 예수 그리스도께서는 성육신 이전에도 그의 백성에게 자신을 계시하셨다.

(3) 전능하신 하나님

• 이사야에서는 예수 그리스도를 "기묘자라, 모사라, 전능하신 하나님이라"(사 9:6)고 소개하고 있다.

▶ 예수 그리스도는 "처녀가 잉태하여 낳은 아들로 그의 이름이 임마누엘이라고 불리우게 된다"고 예언되었다(사 7:14, 42:8).

▶ 임마누엘은 '하나님이 우리와 함께 계시다'는 뜻이다(마 1:23).

에게 부었더니 이 날 이후로 다윗이 야훼의 영에게 크게 감동되니라 사무엘이 떠나서 라마로 가니라"

*** 기묘자**
(奇妙者, wonderful jesus)
경이로운 분이라는 뜻으로 성경에서 그리스도의 이름으로 한번 나타난다.

*** 모사(謀士, counselor)**
조언자를 일컫는 말로 이사야 9장 6절에서 메시아의 별칭으로 사용되었다.

(4) 하나님의 아들

- 야훼 하나님은 그리스도를 가리켜 '너는 내 아들'(시 2:7)이라고 부르셨다.

- 이스라엘 민족 가운데 계시된 이 이름은 하나님의 다스리심을 의미하고 있다(출 4:22; 렘 31:9; 호 11:1).

＊시편 2:7
"내가 야훼의 명령을 전하노라 야훼께서 내게 이르시되 너는 내 아들이라 오늘 내가 너를 낳았도다"

계시의 대상	계시하신 일	참고 성구
하갈	그녀의 자손이 번성할 것을 말씀하심	창 16:7~14
아브라함	이삭을 제단에 바치고자 할 때 나타나 막으심	창 18:1~21, 22:1~18
야곱	형 에서의 문제로 기도할 때 나타나 '이스라엘'이라는 이름을 주심	창 32:7~28
모세	호렙 산 떨기나무 불꽃 가운데 계시하심	출 3:2~5
이스라엘 민족	이스라엘 백성 인도 시 구름 기둥과 함께하심	출 14:19
발람	발람이 이스라엘 백성을 저주하려 할 때 나타나심	민 22:21~35
기드온	기드온이 상수리나무 밑에서 타작할 때 나타나심	삿 6:11~24
삼손의 아버지(마노아)	아들 삼손이 태어날 것에 대해 말씀하심	삿 13:3
다윗	인구 조사의 범죄에 대해 심판하실 때	대상 21:15~17
엘리야	이세벨을 피하여 로뎀나무 밑에 있을 때	왕상 19:5~7
스가랴	화석류 나무 사이에서 보고를 받으심	슥 1:11

2) 신약

신약에 나타난 예수 그리스도의 이름은 구약의 성취를 드러낸다.

(1) 예수

- 히브리어 '여호수아'를 헬라어로 표시한 것이 '예수'이며, '야훼께서 구원하신다'는 뜻이다(마 1:21).
  - ▶ 예수 그리스도는 인간을 죄와 저주로부터 해방시키는 해방자라는 의미를 가진다.

(2) 그리스도

- 구약의 '메시아'와 같은 뜻의 헬라어 '그리스도'는 '기름부음 받은 자'라는 뜻이다.
  - ▶ '그리스도'란 이름은 예수님께서 인류를 구원하러 오신 분이심을 의미한다(마 1:21).

(3) 주

- '주'(主)는 '세상 만물의 주인이시며 소유자'라는 의미로 하나님과 동의어로 사용되었다(막 12:36; 눅 2:11; 행 2:36; 고전 12:3).

- 예수님의 이름 중 가장 널리 쓰였다.
  - ▶ 부활 이후 예수 그리스도를 '주'라 함은 그 분이 구세주요(롬 1:7; 엡 1:17), 교회의 머리되

*** 마태복음 1:21**
"아들을 낳으리니 이름을 예수라 하라 이는 그가 자기 백성을 그들의 죄에서 구원할 자이심이라 하니라"

*** 마가복음 12:36**
"다윗이 성령에 감동되어 친히 말하되 주께서 내 주께 이르시되 내가 네 원수를 네 발 아래에 둘 때까지 내 우편에 앉았으라 하셨도다 하였느니라"

*** 구세주(救世主)**
인류를 구하는 사람으로 그리스도에게 적용되는 호칭이다.

시고 백성의 통치자가 되시며(엡 1:22), 성도가 영원히 예배할 분이심을 의미한다(히 13:15).

(4) 하나님의 아들

• 예수 그리스도는 하나님의 독생자로서, '하나님의 아들' 은 인간적인 부자 관계를 초월한 특별한 관계를 지님을 의미한다(마 3:17, 17:5).

▶ 창세 전부터 아들과 함께하셨던 아버지 하나님은 그 아들 예수를 죽은 자 가운데서 살리시고 그를 영화롭게 하셨다(요 17:5; 행 3:13).

• 예수님은 피조물이 아니며 하나님 아버지와 성령님과 함께 영원 가운데 거하시는 제2위의 한 분 하나님이시다.

▶ 아들로서 예수님은 아버지 하나님의 뜻을 온전히 순종하여 그 뜻을 이루어 하나님을 영화롭게 하셨다(요 17:4).

＊제2위
삼위일체 하나님 가운데 성자 예수 그리스도의 위격.

(5) 인자

• 구약의 다니엘 선지자가 본 환상 중에 나타난 '하늘 구름을 타고 오시는 분' 을 지칭하는 이름이다(단 7:13~14).

• '인자'(人子)란 '사람의 아들' 이란 뜻으로, 예수님께서 자신을 가리켜 즐겨 사용하신 이름이

다(공관복음에 70여 회, 요한복음에 약 40회 나타남).

- ▶ 예수님께서 이 세상의 마지막 및 재림과 관련하여 이 명칭을 사용하셨다(마 16:27~28; 막 8:38, 13:26).
- ▶ 예수님의 고난, 죽음, 부활과 관련하여 나타난다(마 17:22, 20:18~19,28).

* **공관복음(共觀福音)**
신약성경의 첫 세권(마태복음, 마가복음, 누가복음)을 지칭하는데, 유사한 내용과 동일한 관점으로 기록되어져 붙여진 명칭이다.

2. 예수 그리스도의 3대 직무

구약시대에 하나님과 이스라엘 백성 사이의 중보자로 기름부음을 받은 선지자(예언자), 제사장, 왕 등 세 부류가 있었다. 이 가운데 제사장은 인간을 대표하는 자고, 선지자는 하나님 편에서 인간에게 하나님의 뜻을 대언하는 자이며, 왕은 하나님의 명령을 받아 인간을 다스렸던 자였다.

구약에 나타난 세 직분은 신약에 오실 예수 그리스도를 예표하였다. 예수 그리스도는 성령으로 기름 부으심을 받고 선지자, 제사장, 왕의 세 가지 직분을 행하셨다(눅 4:18~19, 13:33; 히 3:1; 마 16:28).

* **누가복음 4:18~19**
"주의 성령이 내게 임하셨으니 이는 가난한 자에게 복음을 전하게 하시려고 내게 기름을 부으시고 나를 보내사 포로 된 자에게 자유를, 눈 먼 자에게 다시 보게 함을 전파하며 눌린 자를 자유롭게 하고 주의 은혜의 해를 전파하게 하려 하심이라 하였더라"

1) 선지자 직무

모세는 '자신과 같은 선지자'가 있을 것이라는 예언을 하였다(신 18:15). 신약은 예수 그리스도께서 그 '선지자'이심을 증거한다(마 21:11,46; 눅 7:16; 요 6:14, 7:40, 9:17). 예수님은 선지자로서 구원의 복음을 전했으며, 하나님의 나라를 선포하셨으며 미래에 대한 예언의 말씀을 증거하셨다.

*마태복음 21:11
"무리가 이르되 갈릴리 나사렛에서 나온 선지자 예수라 하니라"

(1) 구원의 복음을 전하심

- 이스라엘의 선지자들은 우상 숭배와 사회악으로 나라가 혼란할 때 하나님의 말씀으로 백성이 나아갈 길을 제시했다.

- 예수님께서는 모세보다 위대한 선지자로서 죄에 빠져 방황하던 사람들에게 구원의 복음을 증거하셨다.

(2) 하나님의 나라를 선포하심

- 구약의 모든 선지자는 하나님께서 지배하시는 하나님의 나라가 도래할 것이라고 예언하였다.

- 예수 그리스도께서 전한 복음의 내용은 바로 그 하나님 나라의 선포였다(마 4:17, 13:1~52).
  - ▶ 예수님은 하나님 나라의 본질, 하나님 나라에 들어갈 수 있는 사람의 자격과 조건, 그리고 계속될 하나님의 나라에 대해 말씀하셨다.

*마태복음 4:17
"이 때부터 예수께서 비로소 전파하여 이르시되 회개하라 천국이 가까이 왔느니라 하시더라"

(3) 미래에 대해 예언하심

- 인류의 역사는 하나님의 크신 경륜 가운데 진행되어 왔다.

- 선지자로서 예수 그리스도는 수많은 장래 일을 예언하셨다(마 24:3~51; 막 8:31, 9:30~31, 10:33~34; 요 14:16).
  - ▶ 예수님은 자신이 십자가에 못 박혀 죽으실 것과 사흘 후에 부활하실 것을 예언하셨다.
  - ▶ 부활 후 승천하셔서 하나님의 보좌 우편에 앉아 계실 것을 말씀하셨다.
  - ▶ 다른 보혜사인 성령을 보내주실 것과 땅끝까지 복음이 전파될 것을 증거하셨다.
  - ▶ 장차 만국을 심판하기 위해 이 땅에 재림하실 것에 대해 예언하셨다.

2) 대제사장의 직무

구약시대에 대제사장은 이스라엘 백성을 대표하여 하나님께 속죄제물을 드리고 기도하는 일을 하도록 기름부음을 받은 자였다(히 8:3). 구약의 제사장은 이 땅의 제사장으로 영원한 제사장으로 오시는 예수 그리스도의 모형에 불과하였다.

인간이 아닌 천사나 어떤 피조물도 인간을 대표하는 대제사장이 될 수 없다. 인간의 심정을

*** 대제사장(Chief priest)**
성막과 제사의 일을 담당했던 레위 지파와 제사장들 가운데 이스라엘 백성을 대표하고 제사에 관한 제반 사항을 지휘했던 제사장직의 최고위자이다.
예수님은 인간의 죄를 대속하기 위해 단번의 제사를 드린 대제사장이 되신다.

알고 인간의 경험을 한 자만이 인간을 대표할 수 있기 때문이다. 예수님은 사람을 대표하는 완전한 인간으로서 대제사장의 직무를 수행하셨다(히 3:1). 예수 그리스도께서는 육신을 입고 이 세상에 오셔서 우리를 위해 자신을 희생제물로 드리시고 우리 죄를 위해 기도하셨다.

(1) 멜기세덱의 반차를 따른 대제사장

- 예수 그리스도는 이스라엘의 레위 지파의 아론의 반차를 좇아 대제사장이 되신 것이 아니다.

- 예수 그리스도는 지극히 높은 대제사장인 멜기세덱의 반차를 좇아 대제사장이 되셨다(창 14:18~19; 히 7:1~3).
  ▶ 멜기세덱은 살렘 왕으로 만민을 위해 세워진 하나님의 제사장이었다.
  ▶ 그는 시작도 없고 끝도 없어 마치 하나님과 같았다.

- 예수님은 멜기세덱처럼 평화의 왕으로 이 땅에 오셨다.
  ▶ 하나님과 인간의 화평을 위해 십자가에 못 박히고 돌아가셨다.
  ▶ 우리에게 참된 평화를 주시기 위해 자기 몸을 온전히 화목제물로 드리셨다.

＊히브리서 3:1
"그러므로 함께 하늘의 부르심을 받은 거룩한 형제들아 우리가 믿는 도리의 사도이시며 대제사장이신 예수를 깊이 생각하라"

＊희생제물
제사에서 희생으로 바쳐지는 제물로 번제물과 화목제의 희생을 의미한다.

＊반차(班次)
반열과 같은 말. 품계나 신분, 등급의 차례.

(2) 하나님으로부터 오신 온전한 대제사장

- 이스라엘의 대제사장은 하나님 앞에서 이스라엘 백성의 죄의 용서를 위해 하나님께 제사를 드렸다(히 9:11~12).
  - ▶ 일 년에 한 번 이스라엘을 위해 드린 제사는 일시적인 제사에 불과하여 매년 반복해서 드려야 했다.

- 예수 그리스도께서는 만민을 위한 대제사장이 되셔서 단 한 번에 영원한 효력의 제사를 드렸다.
  - ▶ 예수님만이 죄가 없기 때문에 하나님 앞에 온전히 나아갈 수 있었다.
  - ▶ 예수님만이 인간의 죄를 대속하고 하나님과 화목하게 할 수 있었다.
  - ▶ 예수님은 단번에 자신을 드려 하나님과 인간을 화목하게 하셨다.

(3) 대제사장이면서 제물이신 예수 그리스도

- 구약시대의 제사는 제사장과 희생제물이 서로 달랐다.

- 예수 그리스도는 영원한 대제사장으로서 자신을 만인을 위한 속죄제물로 하나님께 드렸다.
  - ▶ 예수 그리스도는 대제사장인 동시에 희생의 제물이 되셨다.

＊속죄제물(贖罪祭物)
개인 또는 집단의 죄를 속하기 위하여 속죄에 사용되는 제물을 말하는데, 예수님은 인류의 죄를 속하기 위하여 대신 죽으신 속죄제물이 되셨다.

▶ 예수 그리스도는 하나님께서 받으시기에 합당한 제물로 자신을 온전히 드렸다(히 9:26).

▶ 예수 그리스도 외에 그 어떤 제물도 모든 죄인을 구원하기 위한 대속의 제물이 될 수 없었다.

* 구약의 5대 제사들은 모두 그리스도의 대속의 희생 제사에 대한 그림자였다.

▶ 그리스도는 번제처럼 자신을 하나님께 완전히 바치셨다.

▶ 그리스도는 소제처럼 완전한 인성을 지니시고 향기로운 생을 하나님께 드리셨다.

▶ 그리스도는 하나님과 인간 사이에 화목제물이 되셨다.

▶ 그리스도는 인간의 범죄를 대속하기 위하여 속죄의 제물이 되셨다.

▶ 그리스도는 사람의 허물에 대하여 속건제를 드리셨다.

3) 왕의 직무

구약의 메시아는 세상을 정복하고 다스리시는 왕으로 묘사되고 있지만(사 9:6~7), 신약의 예수님은 사탄을 진멸하고, 죄와 질병과 죽음을 멸하시기 위한 왕으로 오셨다(마 16:28). 예수님은 만왕의

＊히브리서 9:26
"그리하면 그가 세상을 창조한 때부터 자주 고난을 받았어야 할 것이로되 이제 자기를 단번에 제물로 드려 죄를 없이 하시려고 세상 끝에 나타나셨느니라"

＊이사야 9:6~7
"이는 한 아기가 우리에게 났고 한 아들을 우리에게 주신 바 되었는데 그의 어깨에는 정사를 메었고 그의 이름은 기묘자라, 모사라, 전능하신 하나님이라, 영존하시는 아버지라, 평강의 왕이라 할 것임이라 그 정사와 평강의 더함이 무궁하며 또 다윗의 왕좌와 그의 나라에 군림하여 그 나라를 굳게 세우고 지금 이후로 영원히 정의와 공의로 그것을 보존하실 것이라 만군의 야훼의 열심이 이를 이루시리라"

왕으로 십자가 위에서 사탄의 권세를 물리치심으로 가난한 자에게 복된 소식을, 포로된 자들에게 자유를, 눈먼 자에게 영생의 눈을, 눌린 자에게 자유를 주셨다(눅 4:18~19). 부활하신 예수님께서는 하나님 우편에 앉아 계시다가 이 땅위에 다시 재림하시어 새 하늘과 새 땅을 세우시고, 우리를 그곳으로 인도하여 가실 것이다(요 14:2~3).

(1) 사탄의 세력을 멸하신 왕

- 예수 그리스도는 하나님과 사람에게 공동의 적인 사탄의 세력을 멸하시고 죄와 슬픔과 질병과 죽음을 도말하시기 위해 이 땅에 오셨다.
  ▶ 예수 그리스도는 원수 사탄에 대해 영원한 승리자가 되시며 모든 사망 권세를 철폐하셨다(마 28:18; 엡 1:20~22; 고전 15:24~28).

- 예수님은 오늘날에도 말씀과 성령으로 그의 백성을 통치하신다(막 16:17; 롬 8:15~17; 행 10:38).
  ▶ 예수님은 장차 재림하실 때에 사탄의 세력을 완전히 정복하신 후 새 하늘과 새 땅을 세우시고 공평과 정의로 영원히 다스리실 것이다(히 2:8).

(2) 만민의 왕

- 구약에서 메시아는 위대한 왕으로 이스라엘과 만방을 그 권위와 능력으로 다스리시며, 정

*** 마태복음 16:28**
"진실로 너희에게 이르노니 여기 서 있는 사람 중에 죽기 전에 인자가 그 왕권을 가지고 오는 것을 볼 자들도 있느니라"

*** 사망의 권세**
죽음을 일으키는 세력으로 사망의 세력을 잡은 자는 사탄인데 예수 그리스도는 사탄의 일을 멸하러 오셨다.

*** 에베소서 1:22**
"또 만물을 그의 발 아래에 복종하게 하시고 그를 만물 위에 교회의 머리로 삼으셨느니라"

의와 평화와 번영의 시대를 선포하시는 분이시다.

- 예수 그리스도는 하나님 나라의 왕으로 하나님 보좌 우편에 앉으셔서 하늘과 땅의 권세로 만백성을 다스리고 심판하신다.
  - ▶ 예수 그리스도는 교회의 머리가 되실 뿐만 아니라 만민의 왕이 되시며 온 세계의 통치자가 되신다(엡 1:22).

GOD
AND
JESUS

8과

예수 그리스도의 생애와 사역

1. 예수 그리스도의 생애

1) 유년기

2) 청년기

3) 공생애 사역을 위한 준비

4) 공생애 사역의 시작

2. 예수 그리스도의 공생애 사역

1) 전기 갈릴리 사역

2) 전기 유대 사역

3) 후기 갈릴리 사역

4) 후기 유대 사역

5) 베뢰아 사역

3. 예수 그리스도의 3대 사역

1) 복음 증거 사역

2) 치유 사역

3) 제자 양육 사역

GOD AND JESUS

8과 예수 그리스도의 생애와 사역

1. 예수 그리스도의 생애

1) 유년기

예수님은 요셉과 마리아 사이의 베들레헴에서 탄생하였다. 베들레헴은 다윗의 고향이었는데, 예수님이 베들레헴에서 탄생하게 된 것은 요셉이 다윗의 후손으로 그곳에서 인구조사를 받아야 했기 때문이었다. 예수님의 탄생 사건은 구약 예언의 성취이다(미 5:2; 마 1:18~25).

(1) 할례 의식

- 예수님은 출생 후 8일만에 할례를 받았다(눅 2:21).
  - ▶ 할례는 이스라엘 사람은 하나님의 백성이라는 언약의 징표로 실시한 의식이었다(창 17:1~14).

(2) 헌신 의식

＊미가 5:2
"베들레헴 에브라다야 너는 유다 족속 중에 작을지라도 이스라엘을 다스릴 자가 네게서 내게로 나올 것이라 그의 근본은 상고에, 영원에 있느니라"

＊할례
남성의 음경의 표피를 절제하는 의식으로 하나님께서 하나님과 아브라함과 그의 후손들 사이에 언약의 증표로 제정된 의식이다(창 17:10).

• 예수님은 태어난 지 40일이 지난 후에 성전에 올라가 하나님께 드려지는 헌신 의식을 받으셨다(눅 2:22).

▶ 헌신 의식은 이스라엘의 자녀 중 장남을 하나님께 바치는 서원 의식이었다(출 13:2~1; 레 12:1~8).

• 이때 시므온과 안나가 예수님이 바로 만민을 구원할 그리스도인 것을 증거하였다(눅 2:25~38).

(3) 애굽으로의 피신

• 하나님께서는 유아들에 대한 대학살을 명한 헤롯왕으로부터 아기 예수를 보호하기 위해 요셉의 온 가족을 애굽으로 인도하셨다(마 2:13~23).

▶ 아기 예수는 그의 부모 마리아와 요셉과 함께 애굽에서 헤롯왕이 죽을 때까지 머물렀다.

• 예수님의 애굽 피난은 구약의 예언이 성취된 사건이다(호 11:1).

(4) 나사렛으로의 귀환

• 예수님께서 애굽에서 유대 땅으로 돌아온 후 청년이 될 때까지 갈릴리 지방의 나사렛 동네

＊헤롯의 유아 학살

헤롯은 유대 왕으로 악하고 잔인한 인물이었다. 그는 생전에 두 아내를 비롯해 수많은 사람을 죽였다. 헤롯왕은 동방 박사로부터 '유대의 왕'이 태어났다는 소식을 듣고, 자신의 통치권이 크게 위협받을 것으로 생각해 베들레헴과 그 근방 마을에 있는 두 살 이하의 아이들을 학살하게 하였다(마 2:13~23).

에서 사셨다.

▶ 당시 나사렛은 로마 군대가 주둔한 지역으로 유대인으로부터 로마 군인들과 어울려 사는 사람들이라고 경멸을 당했다.

• 유대인이 예수님을 '나사렛 인'이라고 한 것은 예수님에 대한 모욕적인 표현이었다.

2) 청년기

(1) 성전 방문

• 예수님은 열두 살 때 부모와 함께 예루살렘 성전을 방문하여 그곳에서 율법 학사들과 토론하였다(눅 2:41~50).

▶ 남자로 태어난 유대인은 열두 살이 되면 '율법의 아들'로 인정받게 되어 유대 종교 활동에 참여할 수 있는 권리가 주어졌다.

＊율법의 아들

'열두 살'이라는 나이는 '바 미츠바'(율법의 아들)가 되는 나이로서, 율법을 지키고 행해야 했다. 즉 공동체의 구성원으로서 권리와 의무를 행사할 수 있었다.

• 예수님의 성전 방문은 예수님이 하나님께서 주신 율법을 지키고 행할 만큼 신앙적으로 장성하였다는 것을 보여 준다.

(2) 나사렛에서의 성장

• 예수님은 갈릴리 나사렛에서 부모 형제들과 함께 하나님의 사역을 감당할 공생애 때까지 장성하게 되었다.

• 예수님은 영적, 지적, 신체적, 사회적 등 모든 면에서 온전하게 성장하셨다(눅 2:52).

3) 공생애 사역을 위한 준비

(1) 침례 받으심

• 예수님께서 침례를 받으신 것은 공생애 사역이 시작되었음을 뜻한다.
  ▶ 예수님께서 침례를 받으신 것은 장차 받게 될 십자가의 죽음과 부활을 예시한다.

• 예수님께서 침례를 받으시고 올라오실 때 성부 하나님은 예수님을 '사랑하는 아들' 로 선포하셨으며, 성령이 예수님 위에 임하심으로 예수님이 하나님의 아들과 세상의 구주로서 이 세상에 오셨음이 확인되었다(마 3:16~17).

(2) 시험 받으심

• 예수님은 40일을 금식하신 후 성령의 인도하심에 따라 광야에서 사탄에게 시험받으셨다(마 4:1~11; 막 1:12~13; 눅 4:1~13).

• 사탄의 시험은 인간의 근본적인 욕구에 대한 것으로 공생애 사역을 앞둔 예수님을 향한 일대 도전이었다.
  ▶ 첫 번째 시험은 돌들로 떡을 만들라는 것이

＊마태복음 3:16~17
"예수께서 침례를 받으시고 곧 물에서 올라오실새 하늘이 열리고 하나님의 성령이 비둘기 같이 내려 자기 위에 임하심을 보시더니 하늘로부터 소리가 있어 말씀하시되 이는 내 사랑하는 아들이요 내 기뻐하는 자라 하시니라 "

었다(마 4:3; 눅 4:3).

▶ 두 번째 시험은 하나님의 아들이거든 뛰어 내리라는 것이었다(마 4:6; 눅 4:9).

▶ 세 번째 시험은 사탄에게 경배하면 모든 것을 얻게 된다는 것이었다(마 4:9; 눅 4:7).

• 예수님은 이 모든 시험을 하나님의 말씀으로 이기셨다.

▶ 이것은 성도가 시험에 처하는 순간 하나님의 말씀으로 승리할 수 있음을 보여 준다.

4) 공생애 사역의 시작

(1) 예수님을 드러내심(요 1:19~34)

• 예수님께서 침례를 받으실 때, 하나님은 침례 요한에게 예수님이 '하나님의 사랑하는 아들' 이심을 드러내셨다(마 3:17).

• 침례 요한은 이 사실을 목격함으로써 예수님이 하나님의 아들이심을 확신하였다(요 1:32~34).

▶ 침례 요한은 예수님을 '세상 죄를 지고 가는 하나님의 어린 양'(요 1:29)으로 사람들에게 증언하였다.

(2) 제자들을 부르심(요 1:35~51)

• 침례 요한이 예수님을 자신의 제자들에게 증

*** 침례 요한의 예수님에 대한 증거**

① "이르되 나는 선지자 이사야의 말과 같이 주의 길을 곧게 하라고 광야에서 외치는 자의 소리로라 하니라"(요 1:23)

② "이튿날 요한이 예수께서 자기에게 나아오심을 보고 이르되 보라 세상 죄를 지고 가는 하나님의 어린 양이로다"(요 1:29)

③ "나는 너희로 회개하게 하기 위하여 물로 침례를 베풀거니와 내 뒤에 오시는 이는 나보다 능력이 많으시니 나는 그의 신을 들기도 감당하지 못하겠노라 그는 성령과 불로 너희에게 침례를 베푸실 것이요"(마 3:11)

④ "내가 말한 바 나는 그리스도가 아니요 그의 앞에 보내심을 받은 자라고 한 것을 증언할 자는 너희니라"(요 3:28)

⑤ "그는 흥하여야 하겠고 나는 쇠하여야 하리라 하니라"(요 3:30)

언하고 소개하였다.

• 예수님은 첫 제자로 요한과 안드레, 베드로, 빌립 그리고 나다나엘을 부르셨다.

2. 예수 그리스도의 공생애 사역

1) 전기 갈릴리 사역

예수님께서 행하신 대부분의 사역이 갈릴리에서 행하여졌다. 예수님의 갈릴리 사역은 선지자 이사야를 통해 예견된 것으로(사 9:1~2), 그 주요 사역은 다음과 같다.

(1) 물로 포도주를 만드심(요 2:1~11)

(2) 가버나움에 잠시 머무심(요 2:12)

(3) 왕의 신하의 아들을 고치심(요 4:46~54)

(4) 나사렛에서 배척받으심(마 4:12~16; 막 6:4; 눅 4:24~30)

(5) 가버나움으로 이동하심

*** 예수님의 공생애 사역에 관해서 공관복음과 요한복음은 각각 다른 관점으로 기술하고 있다. 본서에서는 사복음서 전체를 근거로 하여 재구성해 본다.**

*** 전기 갈릴리 사역**
예수님의 고향 지역으로 사람들에게 배척을 받으셨으나 많은 사역이 이 지역을 중심으로 행해졌다.

*** 예수님과 관련된 네 도시의 이름**
① 베들레헴: 탄생하신 곳
② 나사렛: 성장하신 곳
③ 가버나움: 복음전파의 중심지
④ 예루살렘: 돌아가신 곳

(6) 제자들을 부르심(마 4:18~22; 막 1:14~20; 눅 5:1~11)

(7) 산상수훈(마 5:1~10; 눅 6:20~21)

(8) 여러 가지 이적을 행하심

- 베드로의 장모를 고치심(막 1:29~34; 눅 4:38~41)
- 나병 환자를 고치심(마 8:1~4; 막 1:40; 눅 5:12~14)
- 중풍병자를 고치심(마 9:1~8; 막 2:3~12; 눅 5:18~26)
- 광풍을 잔잔하게 하심(마 8:23~27; 막 4:36~41; 눅 8:22~25)
- 거라사 지방의 귀신들린 자를 고치심(마 8:28~34; 막 5:1~21; 눅 8:26~39)
- 야이로의 딸을 고치심(막 5:21~43; 눅 8:40~48)
- 나인성 과부의 아들을 고치심(눅 7:11~17)
- 백부장의 종을 고치심(마 8:5~13; 눅 7:1~10)
- 죄 많은 여인을 용서하심(눅 7:36~50)

*** 산상수훈**

예수님께서 산에서 증거하신 말씀으로, 마태복음 5장부터 7장까지에 언급되고 있는데 이 중 첫 부분은 '여덟 가지 복'(팔복)에 대해 교훈하고 계신다.

2) 전기 유대 사역

예수님께서 첫 번째 유월절에 예루살렘에 가셔서 그곳에서 행하신 사역들이 요한복음에 나타난다(요 2:13~4:3). 예수님의 가장 인상적인 복음전도 사역이 이 부분에서 언급되고 있다. 두 번째 예루살렘 방문에서도 예수님은 많은 기적을 행하셨다(요 5:1 이하 참조).

(1) 성전을 청결하게 하심(요 2:14~22)

(2) 니고데모를 만나심(요 3:1~21)

(3) 복음전도 사역(요 3:22~36)

(4) 사마리아를 통과하심(요 4:4~42)

(5) 베데스다 못에서 38년 된 병자를 고치심(요 5:1~8)

(6) 열두 제자의 파송(마 10:1~14; 막 6:7~13; 눅 9:1~6)

(7) 5천 명을 먹이심(마 14:15~21; 막 6:30~44; 눅 9:10~17; 요 6:1~14)

＊성전 청결

당시 예루살렘 성전에서 제사를 드릴 때 짐승을 희생 제물로 바쳐야 했다. 짐승을 구할 수 없는 자들을 위해 성전에서 짐승을 팔고 사게 되었다. 그리고 만 20세 이상의 유대 남자들은 성전세를 납부하도록 되어 있었는데 이방인의 돈은 금지되어 유대 돈으로 환전해야 하였다. 이러한 환전 행위는 성전에서 이루어졌다.

그런데 이처럼 좋은 의도에서 비롯된 일이 그 본래의 뜻대로 행해지지 않고 제사장들이 특정 상인들로부터 상납금을 받는 조건으로 상인들이 이익을 취할 수 있게 되었다.

결국 이런 상거래는 하나님을 모독하는 행위였으므로 예수님께서 진노하셔서 성전 청결 사건이 일어나게 되었다.

＊사마리아

북이스라엘이 앗수르에게 멸망당한(B.C. 722년) 뒤, 사마리아 지역에 남아 있던 유대인과 이곳에 이주해 온 이방인 사이에 태어난 혼혈인이 사마리아 지역에 거주했기 때문에 유대인은 사마리아인들을 멸시했다.

3) 후기 갈릴리 사역

예수님의 후기 갈릴리 사역은 사람들이 예수님으로부터 실망을 느끼고 떠나기 시작한 기간이었다. 그것은 예수님께서 전한 메시지가 자신들의 기대와 달랐기 때문이다. 이 기간 예수님께서는 제자들을 가르치는 일에 중점을 두셨다. 따라서 이 기간에는 예수님의 가르침에 대한 기사가 많이 나오고 있다. 예수님 자신의 장래 일에 대한 언급도 많이 나타난다.

(1) 귀머거리와 벙어리인 사람들을 고치심(마 15:29~31; 막 7:31~37)

(2) 4천 명을 먹이심(마 15:32~38; 막 8:1~9)

(3) 마가단(달마누다) **지방으로 가심**(마 15:39; 막 8:10)

(4) 벳새다 지역으로 가심(눅 9:10; 막 8:22~26)

(5) 가이샤라 빌립보에 거하심(마 16:13~16; 막 8:27~29)

(6) 변화 산에서 변모되심(마 17:1~9; 막 9:2~9)

(7) 귀신들린 아이를 고치심(마 17:14~20; 막 9:14~29)

(8) 죽음에 대해 언급하심(마 17:22~23; 막 9:30~32)

(9) 가버나움에서 가르치심(마 17:24~18:35; 막 9:33~50)

4) 후기 유대 사역

이 기간의 사역은 유대인의 절기인 초막절과 수전절 사이에 나타난다. 예수님의 공생애 후반부 사역들이 요한복음을 중심으로 소개되고 있다.

(1) 초막절 기간

- 예루살렘에서 가르치심(요 7:14; 눅 19:47)
- 바리새인들과 제사장들이 예수님을 잡으려고 함(요 7:14~8:59)
- 실로암 못에서 소경을 고치심(요 9:1~7)
- 선한 목자로 자신을 계시하심(요 10:1~10:18)

(2) 수전절 기간

- 예수님은 유대인이 그리스도인지 밝히라고 하자 내 아버지의 이름으로 행하는 일들이 자신을 증거한다고 하셨다(요 10:25~30).

＊초막절

이스라엘의 3대 절기 중 마지막 절기로, 수장절 또는 장막절이라고도 한다. 곡식과 과일 등을 추수한 후 저장하여 하나님 은혜에 감사한 것(레 23:34~41)과 하나님께서 이스라엘 백성을 40년 동안 광야에서 인도하신 것을 기념하여 초막을 치고 7일 동안 절기를 지킨 것에서 유래한다(레 23:42).

＊수전절

B.C. 167년 시리아의 통치자인 안티오쿠스 4세(Antiochos IV)가 유대를 침략하여 예루살렘 성전을 모욕하고 더럽혔다. 이때 유다스 마카베우스(Judas Maccabeus)가 주동이 되어 성전을 회복시키고 하나님께 봉헌하게 된 것을 기념한 데서 비롯되었다.

이 날에는 악의 세력으로부터 빛을 되찾은 승리의 날로 여겨 유대인은 자기 집의 창문에 등불을 걸어 놓는다.

＊실로암 못

'보냄을 받았다'는 뜻의 못으로 예루살렘 남동부에 위치하고 있다.

(3) 나사로를 살리심(요 11:1~46)

(4) 에브라임 지방으로 잠시 피하심(요 11:47~57)

(5) 여리고에서 맹인을 치유하심(마 20:29~34; 막 10:46~52; 눅 18:35~43)

(6) 삭개오를 만나심(눅 19:1~10)

(7) 마리아가 옥합을 깨뜨려 향유를 부음(마 26:6~13; 막 14:3~9; 요 12:1~9)

5) 베뢰아 사역

예수님께서는 산헤드린이 자신을 죽이고자 했으므로 그들의 관할 구역을 벗어나, 요단 강 동쪽의 베뢰아 지역으로 가서 몸을 피하셨다. 이곳에서의 예수님의 사역은 마가복음을 통해 알 수 있다. 그 순서는 다음과 같다(막 10:1~45).

(1) 이혼에 대해 언급하심(마 19:3~10; 막 10:1~ 12; 눅 16:18)

(2) 어린아이들에 대한 용납(마 19:13~15; 막 10:13~16; 눅 18:15~17)

***베뢰아 지역**
베뢰아 지역은 요단 동쪽에 위치에 있는 곳으로 침례 요한이 사역을 시작한 곳이다. 이곳은 헤롯 안티바스가 통치한 곳으로 예루살렘 통치자의 영향력에서 벗어나 있었으므로 예수님께서는 유대인들의 핍박을 피하여 한 동안 이곳에 머무르셨다.

(3) 부유한 젊은 관원에 대한 가르침(마 19:16~ 30; 눅 18:18~30)

(4) 자신의 수난에 대한 예고(마 20:17~19; 막 10:32~34; 눅 18:31~34)

(5) 참된 제자의 길에 대한 교훈(마 20:20~28; 막 10:35~45)

3. 예수 그리스도의 3대 사역

예수 그리스도의 공생애 사역은 그 내용에 있어 크게 복음 증거 사역, 치유 사역 그리고 제자 양육 사역의 세 가지 사역으로 구분할 수 있다(마 4:23).

***마태복음 4:23**
"예수께서 온 갈릴리에 두루 다니사 그들의 회당에서 가르치시며 천국 복음을 전파하시며 백성 중의 모든 병과 모든 약한 것을 고치시니"

1) 복음 증거 사역

예수님께서 공생애 기간에 행하신 사역 중에 가장 주된 것은 복음 증거 사역이셨다(눅 4:18; 마 4:23, 9:35). 예수님께서는 천국에 대한 복음은 믿는 자가 이 땅에서도 얻게 되지만 죽은 이후에 영생으로 귀결된다고 말씀하셨다.

예수님께서 증거하신 천국 복음은 주님의 부활 승천 이후 성령의 강림에 의해 성취되었다(롬

14:17). 성령께서 강림하심으로써 예수님께서 선포하신 복음의 진리가 확증되었다(요 16:13; 행 1:8).

2) 치유 사역

예수님의 치유 사역은 그분의 전체 사역의 삼분의 이를 차지할 정도로 큰 비중을 지니고 있다. 예수님은 각종 질병으로 고통받은 자들을 치료하셨으며 귀신들린 자들을 자유하게 하시고 강건한 삶을 살게 하셨다(마 1:21, 4:24, 12:22; 막 13:20).

예수님께서 치유 사역을 행하신 것은 사람들로 하여금 자신이 메시아임을 알도록 하기 위해서였다(요 20:30~31). 뿐만 아니라 치유 사역은 천국 복음의 진리를 보다 효과적으로 증거하기 위한 수단으로 사용하셨다.

예수님의 치유 사역을 통해 수많은 사람의 삶이 회복되고 하늘나라의 역사를 체험하므로 예수님을 구주로 믿고 고백하게 되었다. 예수님은 인간의 영혼을 구원하는 것과 더불어 육체를 온전케 하시는 전인구원의 사역을 행하셨다.

3) 제자 양육 사역

예수님은 공생애를 시작하시면서 복음을 전파함과 동시에 그 복음을 증거할 제자들을 세우고

＊요한복음 20:30~31
"예수께서 제자들 앞에서 이 책에 기록되지 아니한 다른 표적도 많이 행하셨으나 오직 이것을 기록함은 너희로 예수께서 하나님의 아들 그리스도이심을 믿게 하려 함이요 또 너희로 믿고 그 이름을 힘입어 생명을 얻게 하려 함이니라"

＊전인구원(全人救援)
예수 그리스도의 구원은 인간의 영적인 부분뿐만 아니라 육체와 생활의 전영역에 걸쳐 나타나는 온전한 구원을 의미한다(요삼 1:2; 살전 5:23~24).

그들을 가르치셨다. 이것은 예수님에 대한 복음서의 칭호가 대부분 선생으로 쓰이고 있는 것에서 잘 나타난다.

예수님께서는 먼저 열두 제자를 부르시고 그들과 함께하시며 전도 여행을 다니셨다. 예수님께서는 그들을 가르치시고, 귀신을 쫓아낼 수 있는 능력을 주셨으며 이를 통해 복음을 증거하도록 파송하셨다. 예수님은 또한 칠십인 제자들을 세우시고 각지각처로 보내어 천국 복음을 증거하도록 하셨다.

예수님의 제자 양육 사역은 부활 승천하시기 전에 제자들에게 분부하신 지상명령에 강조되고 있다(마 28:18~20). 이를 위해서 예수님께서는 제자들에게 성령을 부어 주신다(눅 24:48~49; 행 1:4~8).

*** 마태복음 28:18~20**
"예수께서 나아와 말씀하여 이르시되 하늘과 땅의 모든 권세를 내게 주셨으니 그러므로 너희는 가서 모든 민족을 제자로 삼아 아버지와 아들과 성령의 이름으로 침례를 베풀고 내가 너희에게 분부한 모든 것을 가르쳐 지키게 하라 볼지어다 내가 세상 끝날까지 너희와 항상 함께 있으리라 하시니라"

9과

예수 그리스도의 수난과 죽음

1. 예수 그리스도의 수난

1) 골고다의 길

2) 십자가의 고난과 죽으심

3) 십자가상의 칠언

4) 십자가 죽음에 수반된 기적들

2. 예수 그리스도의 죽음

1) 예수 그리스도의 죽음에 대한 예언

2) 예수 그리스도의 죽음의 타당성

3) 예수 그리스도의 죽음의 의미

4) 예수 그리스도의 죽음의 결과

GOD AND JESUS

9과 예수 그리스도의 수난과 죽음

1. 예수 그리스도의 수난

1) 골고다의 길

예수님은 십자가의 죽음을 앞두고 결사적인 기도를 하셨다. 결국 하나님의 뜻에 순종하여 유대인의 체포와 고소에 의해 로마 총독 빌라도에게 재판을 받으셨다. 예수님은 온갖 조롱과 수치, 고통과 비난을 안고 골고다의 길을 향하셨다.

(1) 겟세마네 동산의 기도(마 26:36~46; 막 14:32~42; 눅 22:39~46; 요 18:1)

- 예수님은 십자가 고난을 앞두고 겟세마네 동산에서 심한 번민 가운데 하나님께 기도하였다.
  - ▶ 제자들이 함께 기도하기를 바랐지만 그들의 연약함을 보시고 늘 깨어 기도하라고 당부하셨다.

- 예수님은 십자가 고난의 잔을 피하고 싶었지

＊겟세마네 동산
겟세마네는 '기름 짜는 틀'이라는 뜻으로, 예수님께서 십자가를 지시기 전날 번민하시고 기도하시고, 체포당하신 장소이다(마 26:36~56; 막 14:32~52; 눅 22:39~54; 요 18:1~1).

만 하나님의 뜻이 이루어지기를 원하셨다.

▶ 예수님께서는 땀방울이 핏방울이 되도록 온 힘을 다해 세 번의 결사적인 기도를 하셨다.

(2) **체포당하심**(마 26:47~56; 막 14:43~50; 눅 22:47~53; 요 18:2~11)

- 겟네마네 동산의 기도 후 예수님은 체포당하셨다.
  - ▶ 제자 유다가 대제사장과 장로들에게서 파송된 무리와 함께 예수님을 잡으러 왔다.
  - ▶ 베드로가 칼로 대제사장의 종의 귀를 치자 예수님은 베드로에게 결코 폭력을 쓰지 말라고 하셨다.
  - ▶ 예수님이 체포당하자 제자들이 예수님을 버리고 도망하였다.
  - ▶ 예수님께서는 하나님의 뜻에 순종하여 폭력과 죽음 앞에 자신을 내어 놓으셨다.

(3) **불법 재판을 당하심**(마 26:57~27:26; 막 14:53~64, 15:1~15; 눅 22:66~23:25; 요 18:19~40, 19:4~16)

- 유대인들이 예수님을 신성모독으로 고소했다.
  - ▶ 대제사장들과 온 공회가 예수님을 죽이고자 하는 증거를 찾았으나 찾지 못했다.
  - ▶ 유대인들이 예수님에 대해 하나님의 아들 그리스도인지 물었을 때 예수님께서 이를

인정하자 신성모독으로 고소하고 심히 핍박하였다.

• 빌라도의 재판을 받으셨다.
  ▶ 유대인은 예수님께서 가이사에게 세금 바치는 것을 금했다고 고소했지만 빌라도는 예수님께 무죄를 선고했다.
  ▶ 유대인은 예수님께서 백성을 미혹했다는 죄목을 뒤집어씌워 고소했지만 빌라도는 죽일 죄를 찾지 못했다고 하였다.
  ▶ 유대인이 바라바 대신 예수님을 십자가에 못 박으라고 요구했지만 빌라도는 예수님에게서 죽일 죄를 찾지 못했다고 했다.
  ▶ 빌라도는 유대인의 강한 요구에 못 이겨 예수님을 사형에 처하기로 하였다. 이것은 모든 재판이 불법이었음을 여실히 보여 준다.

＊빌라도
예수님께서 지상에 계실 동안 팔레스타인 지역을 다스리던 로마제국의 총독이다.
그는 A.D. 30년경 폭도들의 요구에 못 이겨 죄 없으신 예수님에게 십자가형을 선고한 비겁하고 연약한 사람으로 알려져 있다.

(4) 모욕과 수치를 당하심(마 27:27~31,38~44; 막 15:16~20,29~32; 눅 22:63~65; 요 19:1~3)

• 예수님은 재판 후 로마 군병에 의해 치욕을 당하셨다.
  ▶ 로마 군병들은 예수님의 옷을 벗겨 홍포를 입히고 가시관을 머리에 씌우고 갈대를 들게 하여 유대인의 왕이라고 꾸며 놓고 희롱하였다.
  ▶ 그들은 예수님께 침을 뱉고 갈대를 다시 빼

＊홍포(紅布)
붉은 옷감으로 만든 옷으로 왕을 상징한다.

예수 그리스도의 수난 일정

요 일	내 용	성 구
일요일 (니산월 10일)	• 예루살렘 입성(승리의 입성) • 예언의 성취(슥 9:9) • 종려주일	마 21:1~11 막 11:1~10 눅 19:29~44; 요 12:12~19
월요일 (니산월 11일)	• 무화과나무를 저주하심 • 성전을 깨끗하게 하심 • 죽음을 예고하심	막 11:12~14 막 11:15~18 요 12:20~50
화요일 (니산월 12일)	• 두 아들의 비유 • 악한 포도원지기의 비유 • 혼인 잔치의 비유	마 21:28~32 마 21:33~46; 막 12:1~12; 눅 20:9~18 마 22:1~14; 눅 14:15~24
	• 종교 지도자들의 위선 • 과부의 헌금에 대한 칭찬	마 23:1~39; 막 12:38~40; 눅 20:45~47 막 12:41~44; 눅 21:1~4
	• 감람 산 설교: - 말세에 대한 예언 - 열 처녀의 비유 - 달란트의 비유	마 24~25장
	• 죽음을 예고하심 • 마리아가 향유를 부음 • 유다에게 배심 당하심	마 26:1~5; 막 14:1~2; 눅 22:1~2 마 26:6~13; 막 14:3~9; 요 12:1~8 마 26:14~16; 막 14:10~11; 눅 22:3~6
수요일 (니산월 13일)	• 휴식의 날	
목요일 (니산월 14일)	• 최후의 만찬 • 제자들의 발을 씻기심 • 유다의 배반을 지적하심 • 베드로의 부인을 예언하심 • 겟세마네 기도 • 체포당하심	마 26:17~29 요 13:1~20 마 26:21~25; 막 14:18~21; 요 13:21~30 마 26:31~35; 막 14:27~31; 눅 22:31~38 마 26:36~46; 막 14:32~42; 눅 22:39~46 마 26:47~56; 막 14:43~52; 눅 22:47~54; 요 18:2~12
금요일 (니산월 15일)	• 공회에서 심문을 당하심 • 베드로에게 부인 당하심 • 빌라도에게 심문 받으심 • 헤롯에게 재판 받으심 • 십자가에 못 박히심 • 장사 되심	마 26:57~68; 막 14:53~65; 눅 22:63~71; 요 18:12~24 마 26:69~75; 막 14:66~72; 눅 22:54~62; 요 18:15~18,25~27 막 15:2~15 눅 23:1~25 마 27:31~56; 막 15:20~41; 눅 23:26~49; 요 19:16~37 마 27:57~66; 막 15:42~47; 눅 23:50~56; 요 19:38~42

(4) 운명하심(마 27:50; 막 15:37; 눅 23:46; 요 19:30)

- 온갖 조롱과 수치를 당하시고 극심한 고통을 다 감당하신 예수님께서는 큰소리를 지르며 운명하셨다.

- 예수님께서 친히 나무에 달려 돌아가심으로 저주받은 인간이 당할 죽음을 대신 담당하셨다(벧전 2:24).

***베드로전서 2:24**
"친히 나무에 달려 그 몸으로 우리 죄를 담당하셨으니 이는 우리로 죄에 대하여 죽고 의에 대하여 살게 하려 하심이라 그가 채찍에 맞음으로 너희는 나음을 얻었나니"

3) 십자가상의 칠언

예수님께서 십자가상에 매달려 계신 동안 일곱 가지의 말씀을 하신 것이 복음서에 기록되어 있는데, 이것을 '십자가상의 칠언' 혹은 '가상칠언'(架上七言)이라고 한다.

(1) "아버지 저들을 사하여 주옵소서 자기들이 하는 것을 알지 못함이니이다"(눅 23:34)

- 예수님께서 하신 말씀 속에 인간을 향한 예수님의 애절한 사랑과 고통이 담겨있다.

- 하나님을 아버지라고 처음 부르신 분은 예수님으로, 우리에게도 주기도문을 비롯하여 성경 여러 곳에서 이에 대해 가르쳐 주셨다.
  ▶ 하나님을 나의 아버지로 모시게 될 때, 자신을 십자가에 못 박았던 원수마저 긍휼히 여기시는 예수님의 사랑을 알게 된다.

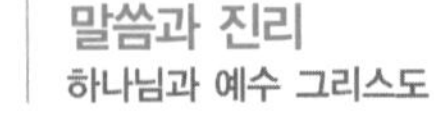

• 예수님의 이 말씀은 구약 예언의 성취이다(사 53:12).

* 이사야 53:12
"그러므로 내가 그에게 존귀한 자와 함께 몫을 받게 하며 강한 자와 함께 탈취한 것을 나누게 하리니 이는 그가 자기 영혼을 버려 사망에 이르게 하며 범죄자 중 하나로 헤아림을 받았음이니라 그러나 그가 많은 사람의 죄를 담당하며 범죄자를 위하여 기도하였느니라"

(2) "내가 진실로 네게 이르노니 오늘 네가 나와 함께 낙원에 있으리라"(눅 23:43)

• 예수님은 십자가 고통 중에서도 한 영혼까지라도 구원하시는 사랑을 보여 주고 계신다.

• 예수님과 십자가에 달린 죄인으로 두 사람이 있었다. 한 사람은 자신의 죄를 깨닫고 회개한 사람이요, 다른 한 사람은 예수님을 비방한 사람이었다.

▶ 어떠한 죄를 지었을지라도 예수님을 구주로 인정하면 누구나 구원받을 수 있음을 알 수 있다.

▶ 사람은 자신의 행위나 공적으로 구원받는 것이 아니라 하나님의 은혜로, 예수 그리스도의 십자가 공로로 구원받는다(엡 2:8~9).

* 에베소서 2:8~9
"너희는 그 은혜에 의하여 믿음으로 말미암아 구원을 받았으니 이것은 너희에게서 난 것이 아니요 하나님의 선물이라 행위에서 난 것이 아니니 이는 누구든지 자랑하지 못하게 함이라"

(3) "여자여 보소서 아들이니이다…보라 네 어머니라"(요 19:26~27)

• 예수님의 십자가 곁에 예수님의 어머니 마리아와 이모와 글로바의 아내 마리아와 막달라 마리아가 울고 있었다.

▶ 어머니 마리아는 예수님 때문에 고난을 겪은 여인이었다.

- 예수님은 십자가 곁에 같이 있었던 제자 요한에게 “보라 네 어머니라”고 하면서 육신의 어머니 마리아를 부탁했다.
  - ▶ 예수님은 고통 중에서도 육신의 어머니 마리아에 대한 효(孝)를 실천하심으로써 인간의 도리를 다하셨다.

- 예수님은 우리와 똑같은 몸을 입고 오신 인성(人性)을 지니신 분이셨음을 보여 준다.

(4) “엘리 엘리 라마 사박다니”(마 27:46; 막 15:34)

- 이 말은 “나의 하나님, 나의 하나님, 어찌하여 나를 버리셨나이까?”라는 뜻으로 말할 수 없는 고뇌에서 비롯된 절규의 외침이었다.

- 인류의 죄와 저주를 대신 담당하시기 위해 성부 하나님께로부터 철저히 외면당하시는 모습이다.
  - ▶ 예수님은 아버지 하나님으로부터 철저하게 버림당하시면서까지 인류의 죄를 대속하셨다.

- 예수님의 이 외침은 구약성경의 예언이 성취된 것을 보여 준다(시 22:1).

(5) “내가 목마르다”(요 19:28)

- 예수님께서는 인간과 동일한 인성(人性)을 가지

＊시편 22:1
“내 하나님이여 내 하나님이여 어찌 나를 버리셨나이까 어찌 나를 멀리하여 돕지 아니하시오며 내 신음 소리를 듣지 아니하시나이까”

셨으므로 십자가에 못 박혀 물과 피를 흘리시고 극심한 육체적 고통을 겪으셨다.

- "내가 목마르다"라고 부르짖는 예수님의 음성 속에는 인간의 목마른 처지를 체험을 통해 알고 계심을 보여 준다.
  ▶ 예수님께서 직접 고난을 당하셨으므로 고난 속에서 시험받은 연약한 인간을 능히 도우실 수 있다(히 2:18).

(6) "다 이루었다"(요 19:30)

- 예수님께서 사탄의 모든 궤계와 능력을 파하시고 인류를 죄와 사망으로부터 구하여 냄으로써 모든 사역을 성취하셨다는 선포이다.

- 아담의 범죄로 말미암아 가시와 엉겅퀴로 저주 받은 죄와 죽음의 세상에서 인간을 구속한다는 일종의 선언이었다.
  ▶ 예수님께서 창세 이후 죄와 죽음과 질병과 절망에 매인 인간의 빚을 청산하시고 자유와 해방을 선포하신 것이다.

(7) "아버지 내 영혼을 아버지 손에 부탁하나이다"
(눅 23:46)

- 하나님 아버지의 뜻에 절대 순종하여 이 땅에 오신 예수님께서는 이 땅에 오셔서도 철저하

* **히브리서 2:18**
"그가 시험을 받아 고난을 당하셨은즉 시험 받는 자들을 능히 도우실 수 있느니라"

* **궤계(詭計)**
간사스러운 꾀나 속임수.

게 순종하셨고 마지막 순간에는 하나님께 자신을 온전히 맡기셨다.

▶ 예수님의 모든 지상 사역이 성부 하나님에 대한 철저한 순종과 전적인 의지에 의해 이루어졌음을 의미한다.

• 하나님께서는 성자 예수님의 순종의 지상 사역을 통하여 영광을 받으시고 예수님을 믿는 모든 자에게 은혜를 베푸신다.

4) 십자가 죽음에 수반된 기적들

(1) 성소의 휘장이 찢어짐(마 27:51; 막 15:38)

• 예수님께서 십자가에서 마지막 숨을 거두는 순간 성소 휘장이 위로부터 아래까지 찢어져 갈라졌다.

▶ 휘장은 성막 안에 성소와 지성소를 분리하는 막이다(출 26:31~33).

▶ 성소에서 지성소까지 들어 갈 수 있는 사람은 대제사장으로 대제사장은 백성의 속죄를 위하여 일 년에 한 번 들어갈 수 있었다(레 16:34).

• 휘장이 위에서 아래로 찢어졌다는 것은 인위적인 것이 아니라 하나님에 의하여 구분이 없

＊성소

'거룩한 곳'이라는 뜻으로, 성막 또는 성전의 일부로 대제사장과 제사장 외에는 거의 절대적으로 구별되어 접근이 불가능했던 곳이다.

성소는 하나님께서 자기 백성 가운데 거하기 위하여 택한 장소였다(시 114:2; 사 8:14).

＊지성소

성막의 가장 안쪽에 위치한 방(출 26:34)으로 이 방 안에는 언약궤가 있었으며, 그 언약궤 위에는 시은좌(施恩座)라고 하는 속죄소가 있다.

속죄소 위에는 그룹 천사의 두 형상이 대칭으로 날개를 들어 올린 모습으로 있다. 두 천사 형상 사이에 제사를 드릴 때 하나님의 영광이 나타났다.

어지고 하나가 되었다는 것이다.

▶ 휘장의 찢어짐으로 예수님께서 자기 피로 영원한 속죄를 이루셨음을 보여 준다(히 9:12).

▶ 휘장이 찢어짐은 이제 성도들이 예수님을 의지하여 담대히 하나님께 나아갈 수 있게 되었음을 보여 준다(히 4:14~16, 10:19~20).

(2) 지진의 발생(마 27:51)

• 땅이 진동함은 하나님의 진노가 나타났음을 의미한다(시 18:7; 사 5:25; 욜 2:10).

▶ 예수님의 십자가의 죽음은 비신자들에게는 하나님의 진노의 심판이, 신자들에게는 하나님의 은혜의 구원이 나타날 것을 보여 준다.

(3) 바위가 터짐(마 27:51)

• 지진에 수반되어 일어난 현상으로 바위가 터진 것은 사람들의 굳은 마음이 깨뜨려지고 사탄의 세력이 무너질 것을 상징적으로 보여 준다.

(4) 무덤이 열림(마 27:52)

• 예수님의 부활은 세상 끝날에 성도들의 부활이 있을 것을 의미한다.

▶ 예수 그리스도가 사망의 세력을 정복하셨기 때문에 성도의 부활이 미리 나타난 표징으로 볼 수 있다.

*** 휘장**

성막은 성소와 지성소로 나뉘어져 있는데, 지성소는 대제사장이 1년에 한 번 속죄제를 드릴 때에만 들어가게 된다. 이 성소와 지성소를 분리하는 천이 휘장인데(출 26:31~33), 휘장은 청색, 자색, 홍색실과 가늘게 꼰 베실로 짰으며 두꺼운 천으로 만들어진다.

예수님께서 십자가에 못 박히실 때 휘장이 찢어졌다는 것은, 예수님의 죽음으로 죄인은 절대로 들어갈 수 없는 지성소로 통하는 길이 열리게 된 것을 의미한다.

2. 예수 그리스도의 죽음

1) 예수 그리스도의 죽음에 대한 예언

(1) 구약에 나타난 예언

• 그리스도의 죽음에 대해 구약성경에는 많은 모형과 예언이 나타나 있다.

▶ 그리스도의 죽음에 대한 구약의 모형으로는 인간 범죄한 후 하나님께서 '가죽옷을 입힌 것'(창 3:21)과 '아벨의 제사'(창 4:4), '이삭을 제물로 드린 것'(창 22장), '유월절 어린 양'(출 12장), '희생제물'(레 1~7장), '놋뱀'(민 21장), '도수장으로 끌려가는 어린 양'(사 53:6~7)에 나타나고 있다.

• 그리스도의 죽음에 대한 예언은 '여자의 후손'(창 3:15), '고난당한 종'(시 22편), '야훼의 종의 고난'(사 53장), '단절된 메시아'(단 9:26), '죽음을 당한 목자'(슥 13:6~7) 등에 나타나 있다.

(2) 예수 그리스도 자신의 예언

• 하나님의 아들로 이 세상에 오신 예수님께서는 자신이 어떤 죽음을 당할지를 미리 아시고 말씀하셨다.

▶ 예수님의 죽음이 언급된 주된 부분으로는

＊모형(模型)
구약성경에 기록된 사건이나 말씀이 예수 그리스도를 암시하거나 미리 보여 주는 경우에 사용되는 신학적 용어이다.

＊창세기 3:15
"내가 너로 여자와 원수가 되게 하고 네 후손도 여자의 후손과 원수가 되게 하리니 여자의 후손은 네 머리를 상하게 할 것이요 너는 그의 발꿈치를 상하게 할 것이니라 하시고"

＊여자의 후손
여기에서 여자는 동정녀로 예수님의 육신의 모친이 되는 마리아를 말한다.

＊시편 22:1
"내 하나님이여 내 하나님이여 어찌 나를 버리셨나이까 어찌 나를 멀리 하여 돕지 아니하시오며 내 신음 소리를 듣지 아니하시나이까"

＊스가랴 13:7
"만군의 야훼가 말하노라 칼아 깨어서 내 목자, 내 짝된 자를 치라 목자를 치면 양이 흩어지려니와 작은 자들 위에는 내가 내 손을 드리우리라"

‘빼앗길 신랑’(마 9:15), ‘고난 후 죽음 당함’(막 8:31, 9:31, 10:33~34), ‘나의 마시는 잔’(막 10:38), ‘사람들을 위한 대속물’(막 10:45), ‘최후의 만찬’(눅 22:15~20,28~30) 등을 들 수 있다.

2) 예수 그리스도의 죽음의 타당성

예수님은 탄생 때부터 인간과 같은 죽음을 당할 수 있도록 육신을 입으셨다(히 2:14). 그리스도께서 육신을 입고 오셔서 친히 십자가에 달리신 이유는 인간의 전적인 타락과 무능함에 있다. 그리스도께서 십자가에서 인간의 죄를 대신하여 죽으신 것은 하나님의 사랑의 표현이다. 십자가는 하나님의 공의의 표징이지만 동시에 하나님의 사랑의 결정체이다.

*** 히브리서 2:14**
"자녀들은 혈과 육에 속하였으매 그도 또한 같은 모양으로 혈과 육을 함께 지니심은 죽음을 통하여 죽음의 세력을 잡은 자 곧 마귀를 멸하시며"

(1) 인간의 전적인 타락과 무능함

- 인간의 타락은 완전 타락으로 스스로의 힘으로 구원할 수 없는 무능한 상태에 있었기에 구원자가 필요하였다.
  - ▶ 인간의 죄를 용서하시고 구원을 허락하기 위해 그리스도의 죽음은 절대적으로 필요했다.
  - ▶ 하나님께서는 죄를 지은 인간의 회개만을 근거로 인간을 용서하실 수 없으셨다.

• 거룩하신 하나님께서 죄 가운데 빠진 인간을 구원하실 수 있는 유일한 근거는 하나님 아들이 친히 죄인들의 형벌을 지게 하시는 것이었다.

• 하나님께서 그의 독생자를 죄의 대속물로 주셨기 때문에 죄인들이 용서받을 수 있는 길이 열리게 되었다.

(2) 하나님의 사랑의 표현

• 예수님께서 십자가를 지고 죽으시기 위해 이 땅에 오신 것은 하나님의 무조건적 사랑에 기초한다.
  ▶ 세상을 사랑하시고 독생자를 주신 분이 하나님이시다(요 3:16).
  ▶ 예수 그리스도를 하나님과 죄인 된 우리 사이에 화목제물로 세우신 이도 하나님이시다(롬 3:25).
  ▶ 허물로 죽은 우리를 그리스도와 함께 살리신 이도 긍휼이 풍성한 하나님 바로 그분이시다(엡 2:4~5).

＊요한복음 3:16
"하나님이 세상을 이처럼 사랑하사 독생자를 주셨으니 이는 그를 믿는 자마다 멸망하지 않고 영생을 얻게 하려 하심이라"

3) 예수 그리스도의 죽음의 의미

완전하신 하나님 앞에 인간의 죄는 너무 크고 중해 인간은 하나님의 자비와 용서하심을 구할 수밖에 없는 존재였다. 이에, 하나님은 독생자 예수 그리스도를 십자가에서 죽게 함으로써 인간의 죄를 용서하시고 인간과의 교제의 길을 열어 놓으셨다.

(1) 그리스도의 죽음은 대속적인 죽음이다

그리스도의 죽음은 죄인을 대속하기 위한 죽음이셨다. 대속(代贖)이란 값을 지불하고 포로 상태나 노예 상태 혹은 사망 선고 상태에서 구원해 내는 것을 말한다. 십자가의 대속의 죽음으로부터 인간은 아래와 같은 구속(Redemption)을 받게 된다.

- 죄로부터의 구속
  - ▶ 예수 그리스도의 십자가 구속으로 인간은 죄에서 자유하게 되었다(롬 6:6).
  - ▶ 인간의 타락으로 죄가 들어와 인간을 완전히 파괴하였다.

- 질병으로부터의 구속
  - ▶ 인간의 타락으로 인간에게 질병의 문제가 다가오게 되었다.
  - ▶ 예수 그리스도의 십자가 구속으로 인간은 질병으로부터 구원을 얻게 되었다(벧전 2:24).

*** 대속(代贖)**
'다른 사람의 위치에 서서 대신 행동해 주는 자'를 의미하는 '비카아'(Vicar)에서 유래하였다. 예수님께서는 십자가의 죽음을 통해 모든 인간의 죄를 대신 담당하셨다(요 8:46; 벧전 3:18).

*** 구속(救贖, Redemption)**
값을 지불하거나 속전을 냄으로써 악이나 속박에서 구원하는 것을 말한다. 예수님이 십자가의 죽음의 대가를 지불하고 인간을 죄악에서 건져낸 것을 의미한다.

• 사탄의 노예로부터의 구속

▶ 인간이 타락해 하나님의 영이 떠나자 인간에게 악한 영이 들어와 인간을 사로잡고 끊임없이 도적질하고 죽이고 멸망시키게 되었다.

▶ 예수 그리스도께서 십자가에서 돌아가시고 부활하심으로 인간은 사탄의 세력을 이기고 승리하게 되었다(히 2:14).

• 저주로부터의 구속

▶ 인간이 죄를 지음으로 말미암아 인간 세상에 가시와 엉겅퀴가 나오게 되었다. 즉 가난과 저주와 고통이 인간을 괴롭히게 되었다.

▶ 예수 그리스도께서 십자가에서 죽으심으로 인류를 저주에서 구속하셨다(갈 3:13).

* **갈라디아서 3:13**
"그리스도께서 우리를 위하여 저주를 받은 바 되사 율법의 저주에서 우리를 속량하셨으니 기록된 바 나무에 달린 자마다 저주 아래에 있는 자라 하였음이라"

• 사망으로부터의 구속

▶ 죄의 삯은 사망으로, 모든 인간은 죄 때문에 죽음을 피할 수 없었다.

▶ 예수 그리스도의 십자가 구속으로써 인간은 사망에서 옮겨져 영원한 생명을 소유하게 되었다.

(2) 그리스도의 죽음은 하나님과 인간 사이의 화목을 위한 죽음이다

• 인간의 죄악이 하나님의 진노를 불러 일으켰

으나, 하나님 편에서 먼저 인간과 화목하기 위해 그 아들을 이 땅에 보내시고 화목제물로 십자가의 형벌을 당하게 하셨다.

• 예수 그리스도께서 십자가에서 죽으심으로 인간과 하나님 사이에 있었던 적대 관계가 청산되고 새로운 화해의 관계를 가져오게 되었다(롬 3:25; 요일 2:2).

4) 예수 그리스도의 죽음의 결과

(1) 하나님의 의를 이루심

• 죄가 없으신 예수 그리스도께서 죄인이 되어 죽으심으로, 죄에 대해 심판하시는 하나님의 공의를 이루셨다(고후 5:21).

(2) 인간을 구원하심

• 예수님께서 십자가에서 피 흘려 돌아가심으로 죄의 형벌을 청산하고 인간을 구원하셨다.

▶ 예수님이 죽으심으로 모든 믿는 사람이 감당해야 할 죄의 형벌 즉, 죽음과 질병과 저주에 대한 값을 대신 치르셨다.

(3) 하나님의 사랑을 보여 주심

• 예수 그리스도의 십자가는 인간을 구원하시기 위한 하나님의 사랑이 얼마나 큰지를 보

*** 화목제물**

하나님과 사람 사이에 화친을 위하여 동물 희생을 드린 제사(출 20:24; 레 3:1~17)의 제물이다.

화목제는 정으로 다듬지 않은 돌로 단을 쌓고(출 20:25), 흠 없는 짐승을 잡되 그 예물의 머리에 안수하고 회막 문에서 잡아야 했다(레 3:1~2).

*** 화해**

'화해'란 하나님과의 화평한 관계를 만드는 것을 말한다. 따라서 예수 그리스도의 죽으심은 하나님으로부터 멀어졌던 인간을 하나님과 교통하게 하였다.

*** 고린도후서 5:21**

"하나님이 죄를 알지도 못하신 이를 우리를 대신하여 죄로 삼으신 것은 우리로 하여금 그 안에서 하나님의 의가 되게 하려 하심이라"

여 준다.

- 인간을 구원하시기 위해 독생자를 희생제물로 삼으셔야 했던 하나님의 위대한 사랑이 십자가를 통해 확인된다(롬 5:8).

＊로마서 5:8
"우리가 아직 죄인 되었을 때에 그리스도께서 우리를 위하여 죽으심으로 하나님께서 우리에 대한 자기의 사랑을 확증하셨느니라"

GOD
AND
JESUS

10과

예수 그리스도의 부활, 승천, 승귀

1. 예수 그리스도의 부활

1) 부활의 의미

2) 부활의 중요성

3) 부활의 특성

4) 부활의 증거

5) 부활의 의의

2. 예수 그리스도의 승천

1) 승천의 의미

2) 승천의 중요성

3) 승천하신 예수 그리스도의 주권과 사역

3. 예수 그리스도의 승귀

1) 승귀의 의미

2) 승귀의 중요성

3) 승귀의 결과

GOD AND JESUS

10과 예수 그리스도의 부활, 승천, 승귀

1. 예수 그리스도의 부활(復活)

1) 부활의 의미

부활이란 죽은 사람이 다시 살아나는 것을 의미한다. 기독교에서 부활이란 예수 그리스도께서 죽으셨다가 약속대로 삼일 만에 다시 살아난 역사적인 사건을 말한다(마 20:18~19).

부활이 없으면 기독교는 죽은 종교와 다름이 없다. 우리의 구원도 헛되고 믿음도 헛되며 그리스도의 십자가 죽음도 의미가 없어진다. 따라서 예수 그리스도의 부활은 기독교의 생명이며, 기독교만이 지닌 독특성이다. 그리스도의 부활에 의해 인류는 위대한 소망을 지닌다.

*** 마태복음 20:18~19**
"보라 우리가 예루살렘으로 올라가노니 인자가 대제사장들과 서기관들에게 넘겨지매 그들이 죽이기로 결의하고 이방인들에게 넘겨 주어 그를 조롱하며 채찍질하며 십자가에 못 박게 할 것이나 제 삼일에 살아나리라"

2) 부활의 중요성

(1) 예수님의 죽음과 부활은 복음의 핵심을 차지한다

• 그리스도의 죽음과 부활은 동전의 앞뒷면과 같아서 어느 한 쪽이 없이 인간의 구원 역사는 이루어질 수 없다.

• 부활을 통하여 예수 그리스도께서 하나님의 아들 되심을 증명했다(롬 1:3~4).

• 부활은 예수님의 죽으심이 우리의 죄악을 가리어 주기에 충분한 가치가 있음을 증거한다.
  ▶ 예수 그리스도의 부활은 죄 때문에 죽을 수 밖에 없었던 우리에게도 임할 부활의 확실한 증표이다.

(2) 부활은 교회 신조의 초석이 되었다

• 부활이 없다면 우리가 전파하는 복음은 물론 믿음도 헛된 것이 된다(고전 15:14).
  ▶ 부활이 없다면 우리의 믿음을 통하여 오는 중생(重生), 의화(義化), 성화(聖化), 영화(靈化), 그리고 하늘나라 등을 기대할 수 없다(고전 15:14).
  ▶ 부활이 없으면 그리스도 안에서 죽은 자들이 멸망을 당한다(고전 15:18~19).

• 사도직의 가장 중요한 자격은 그리스도의 부활의 증인이다(행 1:21~22). 부활이 없으면 사도들의 행위는 거짓 증인이 된다(고전 15:15).

*** 고린도전서 15:14**
"그리스도께서 만일 다시 살아나지 못하셨으면 우리가 전파하는 것도 헛것이요 또 너희 믿음도 헛것이며"

*** 구원의 3단계**
① 의화: 예수님을 믿어 영으로 죽을 상태에서 구원받은 상태가 된 것으로 예수님을 믿어 중생한(거듭난) 삶을 의미한다.
② 성화: 죄인이었던 사람이 옛 삶을 버리고 점진적으로 예수님을 닮아가는 삶을 사는 것을 의미한다.
③ 영화: 인간의 정욕이 완전히 사라지고 예수님같이 변화되는 것으로 보통 사후에 이루어진다.

*** 사도(使徒)**
예수 그리스도께서 그의 복음을 널리 전하기 위하여 부르시고 가르치고 보내신 자들. 열두 제자들이 예수님의 부활 이후 사도라 불렸다.

• 예수 그리스도의 부활은 그리스도 죽음의 가치를 정당화 시키며, 예수님만이 구원자가 되심을 증거한다(행 4:12).

3) 부활의 특성

(1) 예수님의 부활은 영적일 뿐만 아니라 육체적인 부활이다

• 예수님은 십자가에 못 박혀 온 몸의 물과 피를 다 쏟으시고 그 육체가 죽어 무덤에 장사 되었고, 약속하신 대로 사흘 만에 부활하셨다.

• 예수님의 부활체에는 살과 뼈가 있었다(눅 24:38~39).

▶ 예수님의 부활체에는 창에 찔리고 못 박힌 흔적이 그대로 있었다(눅 24:40).

▶ 예수님의 부활체는 감각으로 느낄 수 있었다(마 28:9; 눅 24:39; 요 20:27).

▶ 부활하신 예수님은 음식을 잡수셨다(눅 24:41~43).

▶ 부활 후의 예수님의 몸은 닫힌 문을 통과하시기도 했다(요 20:19).

▶ 예수님의 부활체는 영원히 죽지 않는 신령하고 영화로운 몸이며(고전 15:44), 다시 썩지 아니하며(고전 15:42), 영광스러운 몸이었다(고전 15:43).

＊아리마대 요셉

그는 존귀한 산헤드린 회원이었다. 매우 명망 있고 사회적으로 영향력 있는 사람으로 예수님의 제자가 되었고, 하나님의 나라를 기다리는 자였다. 예수님께서 죽자마자 당돌하게 빌라도에게 찾아와 예수님의 시체를 달라고 요구했다. 그리고 새 무덤을 준비하여 예수님께 바쳤다.

＊사르밧

말의 뜻은 '부어 넣음'이고, 베니게 서해안 시돈 남방 13킬로미터 지점 산 위에 위치하고 있다. 구약시대의 이름은 사르밧이라고 하였고, 신약시대에는 헬라인들이 헬라어 음역으로 사렙다로 고쳤다(눅 4:26). 예언자 엘리야가 흉년이 들었을 때 이곳 한 과부의 집에서 유숙하였고 그 아들이 죽었을 때 살려주었다(왕상 17:8~24).

(2) 예수 그리스도의 부활은 실제적 사건이다

- 예수님의 부활은 완전한 죽음에서의 부활이다.
  - ▶ 예수님을 십자가에 처형한 로마 군인들이 예수님의 죽음을 확인했다(요 19:33).
  - ▶ 백부장이 예수님의 죽음을 확인했다(막 15:44~45).
  - ▶ 공회원인 아리마대 요셉이 예수님의 죽음을 확인했다(막 15:43).
  - ▶ 십자가 곁의 여인들도 예수님의 죽음을 믿었다(막 16:1).

- 부활하신 예수님이 직접 죽음에서 부활하셨음을 선언하셨다(계 1:18).

(3) 예수 그리스도의 부활은 독특한 사건이다

- 그리스도만이 부활 후에 다시 죽지 않으시고, 지금도 영원히 생존하고 계시다.

- 성경에 부활했던 사르밧 과부의 아들(왕상 17:17~24), 수넴 여인의 아들(왕하 4:17~27), 야이로의 딸(막 5:22~43), 나인성의 청년(눅 7:11~17) 등은 부활 후에 다시 죽었다.

- 부활하신 예수님의 몸은 실질적으로 현존해서 만질 수 있었고(마 28:9), 그 몸은 살과 뼈를 지니고 있었다(눅 24:30~40).

＊수넴

수넴은 헬몬 산의 산자락에 위치한 길보아 산 근처 이스르엘 북쪽으로 4.8킬로미터 지점에 있다. 엘리사가 이 성에 들어왔을 때 그곳의 한 여인이 그를 영접하고 후대하여 그는 답례로 기도해 주어 그 여인이 아들을 낳을 수 있었다. 그런데 그 아들이 갑자기 죽음으로 엘리사는 그 아이를 다시 살렸다(왕하 4:8~37, 8:1~6).

＊야이로

회당의 최고 책임자로 유대인 사회에서는 존경받는 위치에 있던 지도자 중 한 사람이다. 예수님은 딸을 고쳐달라는 그의 겸손한 모습을 보고 그의 집에 갔으나 이미 죽어 있었다. 그럼에도 예수님은 그의 딸을 살려주셨다.

＊나인성

나인이란 말의 뜻은 '아름답다'로 이 성은 나사렛 남동쪽 9.6킬로미터 지점과 가버나움 남서쪽 40킬로미터 지점에 위치한 갈릴리 지방의 한 성읍이다. 예수님께서 그곳 과부의 아들을 살리셨다.

4) 부활의 증거

(1) 논리적(論理的) 증거

• 증인의 자격이 있어야 한다.

▶ 성경은 부활을 증거한 모든 사람이 눈으로 직접 보았던 '목격자' 라고 거듭 말한다(눅 24:33~36; 요 20:19,26; 행 1:3,21~22).

• 증인의 수가 적어도 한 사람 이상이어야 한다.

▶ 부활하신 그리스도를 본 사람이 5백 명이 넘는다고 증언한다(고전 15:3~8).

• 증거 기간이 길어야 한다.

▶ 그 기간이 짧으면, 증거가 못되나 부활하신 예수 그리스도께서는 40일 동안 많은 사람에게 나타나셨다.

• 나타난 횟수가 많아야 한다.

▶ 부활 후 나타나심이 거의 없으면 인정을 못 받으나 많은 사람이 부활하신 주님을 만났다(마 28:1~10; 눅 24:13~43; 고전 15:5~8).

• 증인은 신망(信望) 있는 자라야 한다.

▶ 성경에서 부활을 주장하는 사람들은 모두 신망이 있는 사람들이었다.

＊신망(信望)
어떤 사람이 다른 사람의 말과 행동을 믿고 기대함 또는 그런 믿음과 덕망을 일컫는다.

(2) 인과율적(因果律的) 증거

• 예수님의 무덤은 빈 무덤이었다.

▶ 혹자는 제자들이 시체를 훔쳐갔다고 하지만, 긴박한 시간에 무덤 속에 세마포가 그대로 있고, 머리를 쌌던 수건이 다른 곳에 놓였다는 것은 부활의 확증이다(마 27:57~66; 막 15:42~47; 눅 23:50~24:12; 요 20:3~8).

• 주의 날(주일)의 시작이다.

▶ 유대교에서는 토요일을 안식일로 지켰지만, 기독교에서는 일요일을 안식일 또는 주의 날로 지킨다. 그 기원이 그리스도의 부활이다.

• 제자들이 변화되었다.

▶ 예수님의 부활을 처음에는 의심하던 제자들이 부활하신 주님을 만나고 성령침례를 받은 후 완전히 변화되었다.

• 사도들이 부활의 사실을 선포하였다.

▶ 부활을 외치면 그들의 생명이 위협을 받음에도 이 사실을 선포하고 다닌 것은 그들의 증거가 얼마나 강력한 것인가를 알 수 있다.

• 예수 그리스도의 부활에 의해 교회가 탄생하고 성장하게 되었다.

*** 인과율(因果律)**

인과율이란 어떤 상태(원인)에서 다른 상태(결과)가 필연적으로 일어나는 경우의 법칙성을 말한다. 인과(因果) 또는 인과성(因果性)이라고도 한다. 인과의 개념에서 원인이란 용어는 결과라는 용어를 떼놓을 수 없다. 기본적으로 모든 현상이 원인에 뒤이어 일어나는 것을 말한다.

*** 주일(主日)**

예수님께서 이 땅에서 활동하실 때에는 주일이라는 것 자체가 없었다. 주일은 예수님께서 부활하신 이후 그의 제자들이 이날을 기념하여 지키게 된 것이 그 유래이기 때문이다. 예수님께서 안식일(토요일)이 지난 첫날(일요일)에 부활하셨다.

▶ 초대교회는 예수 그리스도의 부활 사건에 근거하고 있으며, 이 놀라운 사실을 끊임없이 전파함으로 성장하였다(행 2:24~32, 3:15, 4:2).

(3) 성경적 증거

• 구약의 예언

▶ 그리스도의 부활에 대해 시편 기자는 분명한 예언을 하고 있다(시 16:10).

▶ 시편의 예언은 베드로 사도의 증언(행 2:24~31)과 바울 사도의 증언(행 13:35)에서 확인된다.

• 예수님 자신의 예언

▶ 예수님은 제자들에게 자신이 죽은 뒤 부활하실 것을 여러 차례 말씀하셨다(마 16:21, 20:17~19; 막 8:31~32).

• 복음서의 증언

▶ 복음서는 예수님의 생애와 행적을 낱낱이 기록하고 있다.

▶ 예수님께서 십자가에서 돌아가신 후 삼일 후에 살아나신 사건을 명확히 기록하고 있다(마 28장; 막 16장; 눅 24장; 요 20장).

＊초대교회

초대교회는 예수님의 부활 이후에 예수님의 가르침을 받은 유대인과 오순절에 성령을 받고 복음전도 활동을 시작한 사람들로 구성되었다. 그 후 사도들의 전도와 활동으로 복음이 이방인들에게도 전해지고, 이방인들도 같은 복음을 받아들이게 되어 함께 초대교회의 구성원이 되었다.

초대교회는 다른 종교 배경, 인종, 사상을 가진 다양한 사람이 모여 이룬 특이한 공동체가 되었다. 유일하게 그들은 곧 십자가에 달려 그들의 죄를 대속하신 예수 그리스도를 믿는 믿음 한 가지가 같았으므로 하나로 연합할 수 있었지만, 그들이 함께 모여 교회를 이루고 복음사업에 동참하려고 할 때에 넘어야 할 장애물과 장벽이 있었다.

＊시편 16:10

"이는 주께서 내 영혼을 스올에 버리지 아니하시며 주의 거룩한 자를 멸망시키지 않으실 것임이니이다"

• 사도행전의 증언

▶ 부활하신 예수님께서 제자들에게 나타나신 것을 증거하고 있다(행 1:3).

▶ 사도들이 예수님의 부활을 증거했다는 다양한 기록들이 제시되고 있다(행 2:31~32, 3:14~15, 4:33, 10:40~41, 17:18).

• 바울 서신의 증언

▶ 부활하신 예수님께서 자신에게 나타나셨다고 고백한다(고전 15:4~8; 행 9:1~9).

▶ 사도 바울은 주님의 부활을 목도한 사람이 5백여 명인데 그중 반이나 살아있다고 증언하고 있다(고전 15:7~8).

5) 부활의 의의

(1) 성도의 믿음에 대한 기초를 형성해 준다

• 예수 그리스도의 부활은 하나님이 살아계심을 보여 준다(벧전 1:21).

• 예수 그리스도가 하나님의 아들이심을 분명히 알게 한다(롬 1:4).

(2) 죄 사함과 의롭게 됨의 확신을 준다

• 인간이 죄 사함을 받게 된 것은 예수 그리스도의 부활을 통해 확증된다(롬 10:9).

＊목도(目睹)
눈으로 직접 봄.

＊베드로전서 1:21
"너희는 그를 죽은 자 가운데서 살리시고 영광을 주신 하나님을 그리스도로 말미암아 믿는 자니 너희 믿음과 소망이 하나님께 있게 하셨느니라"

• 죄인이 의롭게 되는 것도 예수 그리스도의 부활을 통해 확인된다(롬 4:25).

(3) 성도의 삶에 큰 힘을 준다

• 예수 그리스도의 부활은 하나님의 위대한 능력을 드러낸다.

• 죽음을 철폐한 하나님의 능력은 성도의 삶에 큰 힘을 제공해 준다.

(4) 성도들의 몸이 다시 살아날 것에 대한 보증이 된다

• 예수 그리스도 안에서 인간의 가장 큰 적인 사망이 철폐되었다.

▶ 부활의 능력이 사망을 정복하였다(히 2:14).

• 장차 성도의 몸들도 죽은 자 가운데서 살아나게 될 것에 대한 확신을 준다(롬 8:11; 요 5:28~29; 행 4:2).

(5) 하나님의 심판의 확실성을 담보한다

• 성도나 비신자에게 심판의 날은 오게 된다.

• 그리스도의 부활은 장차 이루어질 심판에 대한 분명한 증거이다(행 17:31; 요 5:22).

＊보증(保證)

① 사람의 신용이나 사물의 품질 등에 대하여, 틀림없이 믿을 만함을 증명함.

② 채무자가 채무를 이행하지 아니할 경우, 채무자를 대신하여 채무의 이행을 부담하는 일.

＊심판의 부활

인간은 누구나 최후의 심판인 백보좌 심판에 서게 되는데, 죄인인 경우 불과 유황못으로 들어가는 심판을 받기 위하여 음부(불신 영혼의 대기소)에서 나오는 것을 의미한다.

＊상급의 부활

인간들은 누구나 최후의 심판인 백보좌 심판에 서게 되는데, 의인인 경우 새 하늘과 새 땅에 들어가기 위하여 천국(믿는 영혼의 대기소)에서 나오는 것을 의미한다.

2. 예수 그리스도의 승천(昇天)

예수 그리스도의 승천은 사도행전 1장 6~11절에 기록된 바와 같이 성경적이며 역사적인 사건이다.

1) 승천의 의미

예수님의 승천은 자신이 예언하신 그대로 성취되었다(막 16:19; 눅 24:50~53; 행 1:6~11; 골 3:1; 히 10:12). 예수님의 승천은 예수님의 재림과도 연결되는 중요한 사건이다. 예수님께서는 부활하신 지 40일이 지난 후에 하늘로 올라가셨다.

예수 그리스도께서 승천하신 것은 이제 하늘에 거하시며 자신의 주권을 가지고 성도들을 위한 사역을 행하신다는 것을 의미한다. 예수님께서 승천하여 하나님 아버지 보좌 우편에 앉으신 것은 하나님께서 예수님의 모든 구속 사역을 인정하시고 영화롭게 하셨다는 것을 뜻한다(히 9장).

2) 승천의 중요성

(1) 그리스도의 승리의 극치를 보여 준다

- 그리스도께서 살아나셨다는 것과 승리하셨다는 것은 별개의 의미를 지닌다.

• 그리스도께서 하늘로 올리우신 승천은 모든 악의 세력을 사로잡고 승리하셨다는 것을 의미한다(엡 4:8).

*에베소서 4:8
"그러므로 이르기를 그가 위로 올라가실 때에 사로잡혔던 자들을 사로잡으시고 사람들에게 선물을 주셨다 하였도다"

(2) 성도가 그리스도 안에서 높임 받는다는 것을 보여 준다

• 예수님이 하늘로 올리우셨다는 사실은 예수님의 전 존재와 사역이 하늘의 영광 가운데로 높여졌다는 것을 의미한다.

• 이것은 그리스도 안에 있는 사람은 영적으로 하늘에까지 높임을 받게 된다는 것을 말한다.

• 하늘 나라로 높임을 받게 된 성도는 땅의 것을 떨쳐버리고 승리의 삶을 살게 되는 고양된 마음을 지니게 된다(골 3:2).

*골로새서 3:2
"위의 것을 생각하고 땅의 것을 생각하지 말라"

(3) 새로운 시대의 도래를 의미한다

• 승천하신 주님께서는 자신의 백성과 영원히 함께하신다(마 28:20).

*마태복음 28:20
"내가 너희에게 분부한 모든 것을 가르쳐 지키게 하라 볼지어다 내가 세상 끝날까지 너희와 항상 함께 있으리라 하시니라"

• 그리스도의 승천 이후 그리스도의 영광스러운 재림이 있게 된다(행 1:11).

3) 승천하신 예수 그리스도의 주권과 사역

(1) 승천하신 예수 그리스도의 주권

• 하나님의 권능의 보좌 우편에 좌정하신다.
"야훼께서 내 주에게 말씀하시기를 내가 네 원수로 네 발등상 되게 하기까지 너는 내 우편에 앉으라 하셨도다"(시 110:1)

• 하늘과 땅에 있는 모든 만물을 다스리신다.
"그는 하늘에 오르사 하나님 우편에 계시니 천사들과 권세들과 능력들이 그에게 복종하느니라"(벧전 3:22)

• 교회의 머리가 되신다.
"또 만물을 그의 발 아래에 복종하게 하시고 그를 만물 위에 교회의 머리로 삼으셨느니라"(엡 1:22)

• 영원토록 찬양을 받으신다.
"조상들도 그들의 것이요 육신으로 하면 그리스도가 그들에게서 나셨으니 그는 만물 위에 계셔서 세세에 찬양을 받으실 하나님이시니라 아멘"(롬 9:5)

• 모든 권세를 지니신다.
"예수께서 나아와 말씀하여 이르시되 하늘과

＊좌정(座定)
자리를 잡고 앉는 것을 말함

＊발등상
이 뜻은 발판(footstool)이라는 한국말의 표현이며, 그 유래는 고대의 승리한 왕이 패배자를 발등상이 되게 하고 그 등을 밟고 승리의 함성을 질렀던 것에서 비롯된다.
이처럼 사탄은 예수 그리스도의 발등상이 될 것이다. 그리고 영원히 이 우주에서 사라지게 될 것이다.

땅의 모든 권세를 내게 주셨으니"(마 28:18)

(2) 승천하신 예수 그리스도의 사역

• 하늘 보좌 우편에 앉으시어 우리를 위하여 기도하신다(히 7:25; 롬 8:34).

• 교회의 머리되신 주님께서는 하나님의 보좌 우편에 앉으시어 교회를 다스리신다(엡 1:20~22).

• 보좌에 계신 예수님께서는 지상에서 행했던 사역을 계속하신다(히 13:8).

▶ 성령님을 통해 그의 백성이 진리와 능력 가운데 살아가게 하신다(요 16:13).

▶ 성령님을 통하여 죄 사함을 베푸시며, 병을 고치시고, 귀신을 쫓아내심으로 생명의 역사를 베푸신다(롬 8:1~2).

▶ 성령님을 통해 능력을 주시어 땅끝까지 복음을 증거하게 하신다(막 16:19~20; 행 1:8).

＊히브리서 7:25
"그러므로 자기를 힘입어 하나님께 나아가는 자들을 온전히 구원하실 수 있으니 이는 그가 항상 살아 계셔서 그들을 위하여 간구하심이라"

3. 예수 그리스도의 승귀(昇貴)

1) 승귀의 의미

예수 그리스도의 승귀는 성부 하나님께서 부활 승천하신 성자 예수님을 하나님 우편에 앉히심으로 예수님이 높임을 받는 것을 말한다. 보좌 우편의 자리는 존귀하고 명예롭고 권세 있는 자리이다.

예수님이 하나님의 보좌 우편에 좌정하신 것은 하나님 곁에 그리고 하나님과 함께 영원히 계신다는 것을 말한다.

2) 승귀의 중요성

(1) 하나님의 보좌 우편은 영광과 존귀의 자리이다

- 하나님의 보좌 우편은 하나님께서 예수님에게 베푸시는 은혜가 절정에 이르는 자리이다.
  - ▶ 하나님께서는 자신이 줄 수 있는 가장 영화로운 자리를 예수님께 주셨다.

- 하나님의 보좌 우편은 기쁨과 즐거움의 자리이다.

(2) 권능과 통치권이 부여되는 자리이다

- 승귀하신 예수 그리스도는 권세와 통치권으로 만물을 지배하신다.

- 승귀하신 예수 그리스도는 교회의 머리가 되시며 교회를 다스리신다.

- 그리스도의 권능과 지배권은 성도들에게도 나타난다.

3) 승귀의 결과

(1) 우리의 대제사장이 되신다

"그러므로 우리에게 큰 대제사장이 계시니 승천하신 이 곧 하나님의 아들 예수시라"(히 4:14)

(2) 우리가 하나님께 나아갈 수 있음을 확신하게 되었다

"그러므로 우리는 긍휼하심을 받고 때를 따라 돕는 은혜를 얻기 위하여 은혜의 보좌 앞에 담대히 나아갈 것이니라"(히 4:16)

(3) 그리스도께서 교회의 머리가 되셨다

"또 만물을 그의 발 아래에 복종하게 하시고 그를 만물 위에 교회의 머리로 삼으셨느니라" (엡 1:22)

(4) 성도들에게 성령을 부어 주셨다

"하나님께서 오른손으로 예수를 높이시매 그가 약속하신 성령을 아버지께 받아서 너희가 보고 듣는 이것을 부어 주셨느니라"(행 2:33)

(5) 사람들과 교회에 은사를 주셨다

"내리셨던 그가 곧 모든 하늘 위에 오르신 자니 이는 만물을 충만하게 하려 하심이라 그가 어떤 사람은 사도로, 어떤 사람은 선지자로,

***긍휼(矜恤)**
불쌍하고 가엾게 여겨서 도와줌

***은사(恩賜)**
바울은 세 가지 면에서 은사들을 언급하였다.
① '카리스마타'(charis-mata): 성령이 주신 여러 가지 은사를 가리킨다(고전 12:4~7).
② '디아코니아'(diakonia): 한 분 주님을 섬기기 위하여 주어진 여러 가지 직임을 가리킨다.
③ '에네르게마타'(energe-mata): 여러 사람 가운데 역사하시는 한 분 하나님의 능력을 가리킨다.

어떤 사람은 복음 전하는 자로, 어떤 사람은 목사와 교사로 삼으셨으니"(엡 4:10~11)

(6) 자기 백성을 위한 처소를 예비하고 계신다

"내 아버지 집에 거할 곳이 많도다 그렇지 않으면 너희에게 일렀으리라 내가 너희를 위하여 거처를 예비하러 가노니"(요 14:2)

(7) 재림의 근거가 된다

"가서 너희를 위하여 거처를 예비하면 내가 다시 와서 너희를 내게로 영접하여 나 있는 곳에 너희도 있게 하리라"(요 14:3)

Memo.

Memo.

말씀과 진리 하나님과 예수 그리스도

조판 1쇄 발행 | 2014년 3월 1일
6쇄 발행 | 2023년 11월 30일

지 은 이 | 이영훈
편 집 인 | 김호성
펴 낸 곳 | 교회성장연구소

등록번호 | 제 12-177호
주 소 | 서울시 영등포구 은행로 59, 4층
전 화 | 02-2036-7936
팩 스 | 02-2036-7910
홈페이지 | www.pastor21.net

I S B N | 978-89-8304-225-5 03230
978-89-8304-224-8 04230(세트)

"무슨 일을 하든지 마음을 다하여 주께 하듯 하라" 골 3:23

교회성장연구소는 한국 모든 교회가 건강한 교회성장을 이루어 하나님 나라에 영광을 돌리는 일꾼으로 성장하는 것을 목표로, 목회자의 사역은 물론 성도들의 영적 성장을 도울 수 있는 필독서를 출간하고 있다. 주를 섬기는 사명감을 바탕으로 모든 사역의 시작과 끝을 기도로 임하며 사람 중심이 아닌 하나님 중심으로 경영한다. "무슨 일을 하든지 마음을 다하여 주께 하듯 하라"는 말씀을 늘 마음에 새겨 하나님께서 주신 사명을 기쁨으로 감당한다.